¡Sssssshhhhhhhhhh!

Haz del teatro algo íntimo

Llévalo siempre en el bolsillo

Cubierta y diseño editorial: Éride, Diseño Gráfico
Dirección editorial: ángel jiménez

Primera edición: mayo, 2025

cuando termine la guerra
Alicia González Peñalver
© VdB, 2025
Espronceda, 5
28003 Madrid

VdB®

ISBN: 979-13-87644-09-3
Depósito Legal: M-8462-2025
Diseño y preimpresión: Éride, Diseño Gráfico

 Este libro protege el entorno

cuando termine la guerra

Alicia González Peñalver
(1978, Cartagena - Murcia)

Alicia González Peñalver nació en Cartagena en 1978, pero ha vivido en Madrid desde la infancia. Es licenciada en Derecho por la Universidad Complutense de Madrid, con formación en desarrollo directivo por Esade, posgrado en *compliance* por la Universidad Carlos III. Certificada como *project manager por el Project Management Institute*, actualmente trabaja en IBM en este campo.

El teatro ha sido su gran pasión desde los catorce años, tanto en la interpretación como explorando su faceta creativa en la dirección y la escritura. Se ha formado en interpretación y dirección de actores en varias escuelas, entre ellas La Cuarta Pared, y es miembro del grupo Goliateatro, con el que estrenó *Sal Negra* en 2023, el primer texto de una trilogía teatral. *Cuando termine la guerra*, su nueva obra, es la segunda entrega de este proyecto.

Además de su faceta teatral, en 2012 publicó una novela corta, *El Secreto del Hipocampo*, dando así sus primeros pasos en el mundo editorial. Con este tercer libro, consolida su compromiso con la escritura y, muy especialmente, con el teatro, un universo que sigue explorando con la misma pasión con la que empezó.

Alicia González Peñalver

cuando termine la guerra

A mis padres, cuya memoria me ancla a la tierra. A sus ojos, que aún miran desde el océano del recuerdo. Yo seré testigo de tu epopeya, mis ojos serán tu memoria.

A Lizzie, una gran amiga y profesional del teatro
que nunca me ha dejado rendirme
y a Bea por seguir siendo mi faro
en mitad de la oscuridad.

Esta historia está inspirada en la vida de Carmen Conde. Algunas de las escenas y personajes forman solo parte de la ficción.

Prólogo

A la llamada del teatro se llega por muy diferentes caminos. El teatro es una especie de Emaús laico, incluso me atrevería a llamar religioso dado su componente ritual y solemne, esa ceremonia que encierra toda representación, y la entrega de sus fieles, que acuden a él desde las más lejanas culturas y profesiones. En el teatro, prodigiosamente, se aúnan y amalgaman ciencia y filosofía, técnica y poesía, realidad y ficción, letras y armas, fe y ateísmo, misticismo y abyección. Es la gran síntesis cultural de cómo vive y se expresa un pueblo, una comunidad, y que, por medio de la voz, la palabra y la acción actoral, se hace carne y se universaliza.

Alicia González, cartagenera, licenciada en derecho por la Complutense, diplomada en desarrollo directivo por Esade, postgrado en *Compliance* por la Carlos III, Certificada como Project Manager por el *Project Management Institute*, y actualmente trabajando como directora de proyectos en IBM, ha acudido a la llamada del teatro, y lo ha hecho desde muy joven, con apenas catorce años, cuando Jacobo Dicenta, hijo de Manuel Dicenta, dio en los Maristas de Madrid donde ella estudiaba, unos cursos de teatro. «Desde entonces, me subí a un escenario y no me he bajado». Porque Alicia, no solo escribe, sino que también actúa, ejerciendo, ese doble papel de tantos dramaturgos, a través de formación en varias escuelas, Cuarta Pared entre ellas, y de su integración en el Grupo Goliateatro.

Conocí a Alicia por *Sal negra*, texto que la autora estrenó en el 2022 en la sala Nueve Norte, y que Éride publicó en el 2023. En *Sal negra* vi una frescura, una espontaneidad y conocimiento de las situaciones y los diálogos, que me llamaron la atención. El texto tenía vida y los personajes carne, eran creíbles y no simples arquetipos. La obra transcurre un 19 de julio del 36 en un burdel llamado La Negra, en el barrio chino de Cartagena, y la obra conjuga muy hábilmente los elementos cómico-dramáticos, que forman y condicionan el esperpento hispánico. Pese a situar el texto en el inicio de la guerra, justo al día siguiente del levantamiento, Alicia se centra en el drama íntimo, cotidiano de sus personajes, mientras deja en paralelo, el drama del país. Este, es, por tanto, simple telón de fondo, enmarque, una anécdota para aquellas prostitutas que no se atreven a creerlo, o no quieren creerlo, y a las que solo les preocupa su aquí y su ahora, el drama íntimo de Arsenio y Alfonso, de Rosita o de la Negra, el linchamiento de un tal Chipé, y que no quemen la Iglesia de la Caridad de la que son devotas. En *Sal Negra*, no se ha querido hacer una obra de la guerra, sino de personajes, y así lo dice la propia autora en su introducción a la obra.

Por el contrario, en *Cuando termine la guerra*, obra de la que vamos a tratar, y segunda de, al parecer, trilogía, de la que Sal Negra sería la primera, la guerra sí está presente. El conflicto aquí incide, condiciona, convulsiona la vida cultural e íntima y profesional de los personajes, que, en este caso, además de reales, son sobradamente conocidos. La obra está inspirada en la vida de Carmen Conde, ensayista, poeta, dramaturga, primera mujer elegida académica de número en la Real Academia de la Lengua en 1978, Premio Nacional de poesía en 1967, Premio Ateneo de Sevilla en 1980, Premio Nacional de Literatura Infantil y Juvenil, 1978, nacida en Cartagena, el 15 de agosto de 1907, y fallecida en Majadahonda, donde la Casa de la Cultura, lleva su nombre. El tema, sus últimos días. Un drama, por tanto, testimonial y biográfico.

Argumentalmente la obra nos muestra, los principales episodios de su vida, desde una óptica tanto sentimental como profesional. La obra empieza en 1991 con una Carmen ya anciana, presa del alzheimer, dialogando con su cuidadora Magui, su referente de realidad. Carmen vive ya entre el olvido y la memoria, en la que los episodios de su vida aparecen, en *flashback*, como destellos, fogonazos, unas veces felices, su amistad con Ernestina Champourcin, sus encuentros con sus admirados Juan Ramón Jiménez y Zenobia Camprubí, María Teresa León, Elena Fortún, Concha Méndez, María Lejárraga, sus días de triunfo, su discurso para cuando fue elegida académica, la satisfacción que supuso la fundación en Cartagena del Ateneo obrero... y sobre todo, sus recuerdos, su amor por Amanda, a quien conoció en la Universidad de Murcia en el 36, su empeño por abrirse camino en el mundo de las letras... También, muchos otros infelices, penosos, como la perdida de sus amigos por la guerra, las traiciones e infidelidades, su miedo a ser delatada, su persecución y proceso, la separación de Amanda....Y sobre todo, sobrevolando sobre todos los recuerdos y las amistades, los personajes, Amanda, siempre Amanda, su amor oculto y constante desde que la conoció, sus conversaciones, sus cartas, algunas son transcritas en la obra, la angustia de la ausencia, los deseos de reencontrarse, y poder vivir juntas cuando termine la guerra... y de esos años pasados ¡por fin! juntas, las dos, en Velintonia 5, la célebre casa de Vicente Alexandre, refugio de tantos ilustres, hoy felizmente adquirida por la Comunidad de Madrid..; porque esa, entre otras, era la tragedia íntima de Amanda y Carmen, el de su amor oculto que, aparte de la presión social, estaban casadas.

Y mientras Carmen anciana, dialoga consigo misma, revive y evoca mediante esta especie de monólogo interior y el alzheimer avanza, Magui busca una solución para ella, un lugar para ella —Carmen se ha quedado sola después de la muerte de Amanda, no tiene hijos ni familia—, y cuando esta le comunica que

tendrán que dejar la casa, que ella ya no puede cuidarla, Carmen se revuelve en última e
imposible sublevación: ¡su casa, no! Allí están sus libros, sus recuerdos, los buenos y los
malos, sus cartas, sus papeles. ¡Su casa, no!,
pero finalmente tendrá que rendirse, ella que
ha luchado siempre. Ya no es autónoma, no
puede decidir ni actuar por sí misma, y se
irá a una residencia de Majadahonda, donde,
que yo sepa, Carmen no tenía ningún víncu-
lo, —ahora ya lo tiene, la Casa de Cultura a
su nombre, pero ella ya no lo sabe—, y ese úl-
timo desarraigo es gran parte del drama.

Estamos, por tanto, en una obra muy di-
ferente a *Sal negra*, aunque provengan de la
misma mano. *Cuando termine la guerra* es una
obra de «interiores», mejor dicho, de mundo
interior, de monólogo interior, y una obra de
guerra. De guerra y de amor. Y de literatura.
Una obra, en este caso, más meditada, menos
coloquial, de ritmo más lento, en la que el *flashback*, recurso narrativo muy útil en el cine o
en novela, pero peligroso en el teatro, se im-
pone. Y digo peligroso, porque resta espontaneidad, continuidad del conflicto al romper
con esa indudable eficacia de la unidad tiem-
po-acción, lo que obliga a una mayor elabo-
ración ante la complejidad de los distintos y
dispares escenarios, momentos y situaciones.
Si a esto se añade el hacer biografía y teatro,
el desafío es grande: la documentación ralen-
tiza, sujeta, maniata un poco. El personaje,
más. El autor no tiene esa libertad total como

cuando habla de seres anónimos, bien sean reales o imaginarios. Carmen Conde, se nota, se hace notar y sentir en Alicia, es un peso pesado, que la sujeta con su carga vital. Lo entiendo porque a mí me ha pasado lo mismo cuando escribo sobre personajes históricos. Ellos nos atraen, nos subyugan, por eso escribimos sobre ellos, pero al mismo tiempo, nos succionan, nos lastran, y las obras van un poco por donde ellos quieren que vayan. Ellos, son ellos. Están ahí y ahí siguen, nos observan, aunque no digan nada. Hacer biografía y teatro no es fácil; yo diría que muy difícil, dado los estrictos límites y la especificidad del teatro tan distante de los recursos narrativos. Hacerlo, requiere habilidad, medir mucho los tiempos, un buen conocimiento del biografiado, para no hacerlo excesivo, para que el texto teatral no resulte sobrecargado, no se convierta en otra cosa que no sea teatro. Por eso me parece tan meritorio el trabajo de Alicia González en esta obra: desde la calle del burdel de La Negra, ha dado un valiente giro a otro interior más oculto, más rico, más lleno y contrastado; también, más peligroso, teatralmente hablando: la interioridad se ve menos, se visualiza y teatraliza peor, aunque sea más profundamente dramática, como en este caso. Un auténtico reto solventado con madurez, autenticidad y saber hacer.

Enhorabuena.

Carmen Resino

Nota de la autora

Hace tres años sabía de Carmen Conde que
era de Cartagena —como yo—, que era poeta, y la primera mujer que por fin ocupó un
sillón en la RAE. Era ocho de enero, la radio
hablaba del veinticinco aniversario de su
muerte. El locutor comenzó a dar algunas
pinceladas sobre su vida que desconocía. Fueron no más de tres minutos de exposición antes del corte publicitario que daba paso a las
noticias de la 9.00 am. En esos tres minutos
escuché pronunciar por primera vez el nombre de Amanda Junquera unido al de Carmen
Conde. Supe inmediatamente que tras estos
dos nombres había una historia que contar,
y yo quería dar mi propia perspectiva.

Para mí hay dos factores muy potentes en
la biografía de Carmen Conde. El primero, la
relación con Amanda Junquera, cualquiera
que esta fuera. Las dificilísimas decisiones
que hubo de tomar para mantenerse cerca de
ella, y de los suyos. Por otro lado, un final
donde tuvo que lidiar con el alzheimer de
Amanda, y posteriormente con el propio.

Al profundizar en la vida de Conde, cuando se afronta su relación con Junquera, existe una discrepancia entre distintos autores y
fuentes. Carmen nunca confirmó tener una

relación más allá de la amistad con Amanda, y son algunos los que así lo aseguran. Su marido fue, el también poeta, Antonio Oliver. Sin embargo, somos muchos los que, tras estudiar la obra y la vida de la autora, opinamos que existió un universo muy especial entre estas dos mujeres. Un universo que se extendió mucho más allá de la pura amistad, y que se plasmó en el trabajo de la poetisa, cuya obra es incomprensible sin tener en cuenta este hecho. Como pareja tuvieron que afrontar momentos realmente agónicos, por las circunstancias y la época que les tocó vivir. La verdad absoluta sobre su relación se fue con ellas a la tumba. Nos han quedado eso sí; la obra de Carmen, cada poema que dedicó a Amanda, las dedicatorias de todos sus libros, un conjunto enorme de cartas que intercambiaron, además del hecho de no separase desde que se vieron por primera vez. El objetivo de este texto teatral es abrir una ventana, sobre algunos hechos biográficos —el día que se conocieron en la Universidad de Murcia, el viaje a Ifach, el escondite en casa de los Alcázar-Junquera, su estancia en El Escorial…—, imaginando las conversaciones, las decisiones… Explorar la explosión de sentimientos de amor, culpa, frustración, celos, miedo… por los que debieron transitar juntas.

Como autora, he querido acotar el número de personajes a cuatro, y hacer uso de las voces en off cuando ha sido necesario, para observar esta historia desde dentro, para entrar en esa burbuja creada por ambas, donde lo demás quedaba fuera, y era accesorio. Así, el lector tiene la oportunidad de formar parte de ese mundo como un espectador silencioso, que entra a hurtadillas en un universo muy privado.

La mayoría de las escritoras de la misma generación que Carmen Conde se vieron abocadas al exilio tras la Guerra Civil española. Carmen, a diferencia de la mayoría de sus coetáneas, tuvo que permanecer en España y vivir un exilio interior; es decir, esconder su verdadera ideología política para poder sobrevivir en un país que la persiguió y juzgó tras el conflicto bélico. Esta es otra de las aristas de la vida de la escritora sobre la que esta obra intenta reflexionar.

Me gustaría agradecer y mencionar a algunos de los verdaderos expertos que tras un estudio pormenorizado de nuestra poetisa nos han aportado luz sobre su vida y obra, como Fran Garcerá, José Luis Ferris o Cari Fernández, por citar a algunos. Ellos han publicado verdaderos estudios, que animo a leer y disfrutar a cualquiera que desee conocer los detalles de nuestra poetisa.

«Cuando termine la guerra», forma parte de una trilogía que ha comenzado con «Sal negra». Los tres textos tendrán un punto de conexión que los coserá unos a otros triangulando sobre tres temas: la diversidad, la guerra civil y los artistas. Mientras termino

"

La mayoría
de las escritoras
de la misma
generación
que Carmen Conde
se vieron abocadas
al exilio
tras la Guerra Civil
española.
Carmen, a diferencia
de la mayoría
de sus coetáneas,
tuvo que permanecer
en España
y vivir un exilio
interior.

"

de escribir las últimas líneas de esta obra, la tercera de ellas ha comenzado ya a tomar forma en mi cabeza.

Desde esta humilde obra de teatro, deseo rendir un sincero homenaje a dos mujeres a las que admiro y respeto profundamente. Que su memoria, como la de tantos injustamente silenciados por la historia u obligados a esconderse, no se apague nunca.

Personajes

MAGUI
AMANDA
CARMEN
ERNESTINA

Personajes con voz

ANTONIO
CAYETANO
JUEZ

Primer acto
Escena 1

Ante el público un escenario con fondo negro, y una luz muy tenue. Llama la atención el vacío del centro de la escena solo roto por, una máquina de escribir antigua, decenas de libros apilados por todas partes, y bloques de archivos que contienen cartas y papeles cuidadosamente ordenados en mitad del caos. En el extremo derecho del proscenio hay una pequeña mesa y dos sillas, una amplia y cómoda, casi un sillón. En el hombro derecho la entrada a la cocina y los dormitorios. Una mujer rompe la quietud de la escena. Se llama Margarita, aunque algunos la llaman Magui, *va vestida de manera cómoda e informal, pero con cierta elegancia, está hablando por teléfono, tiene poco más de cuarenta años, atesora alguna cana, que ella se afana en esconder entre el resto de los mechones de pelo negro. Cae una lluvia continua y agradable que humedece la tarde de otoño. Estamos en 1991.*

Magui   Sí, sí, ya lo sé. Bien, intentaré hacerlo así, es difícil, pero lo intentaré… (*Pausa.*) Entonces, si le estoy entendiendo, debo esperar la llamada de Amelia. (*Pausa.*) ¿Sabe usted cuándo me llamará? (*Pausa.*) Vale. No, es importante para mí poder hablar con ella para que me dé algunas pautas. (*Pausa.*) Sí, lo sé, se lo tengo que decir… No es fácil. (*Pausa. Enfadada.*) Sí, ¡no me disfrace usted las cosas que yo ya tengo canas! La noticia es demoledora, la miremos por donde la miremos. Por favor hablemos claro. (*Pausa. Más calmada.*) Yo no sé si seré capaz de explicar, y menos en su estado. (*Pausa.*) Está bien, esperaré la llamada de Amelia. (*Pausa. De repente entra* CARMEN, *una anciana con más de ochenta años, camina con pasos cortos y arrastrando un poco los pies. Va abrigada como para no resfriarse ni estando en casa. A pesar de las múltiples capas de abrigo, se nota que es una anciana de aspecto cuidado. Tiene la mirada algo perdida, es* CARMEN *Conde, aunque ya no lo recuerda bien en algunos momentos, tiene Alzheimer.* MAGUI *ha sido su asistente personal durante muchos años.* CARMEN *la conoce casi desde que era niña.* MAGUI *cuelga inmediatamente al notar su presencia.*) Gracias a usted. No para de llover, (*Se frota las manos para quitarse el frío.*) me encanta el sonido de la lluvia, es muy relajante. Mira Carmen, ven a la ventana, ¡mira cómo corre el agua por la acera…! No le viene mal a la calle, que se limpie un poco que falta le hace a Madrid. Ayer me dijeron en la oficina, que el alcalde piensa volver a bajar la partida para limpieza y jardines… Pues nada, que cada uno baje a la calle con su escoba y a barrer…

CARMEN   A mí no me gusta la lluvia, siempre me moja
              los zapatos. Odio tener los zapatos mojados
              y los pies fríos.

MAGUI   (*Ayuda a* CARMEN *a sentarse en el sillón.*) Para
              eso te he comprado las zapatillas de casa con
              borreguito por dentro, con eso tienes que ir
              muy calentita…

CARMEN   (*Se mira los pies.*) ¿De borreguito?

MAGUI   A ver, enséñamelas, las llevas puestas, ¿no? A
              ti te gusta más el solete que la lluvia, ¿verdad?

              (*Acaricia a* CARMEN.)

CARMEN   Sí, me gusta mucho el sol. Me gustan el sol y
              el mar.

MAGUI   Si es que el Mediterráneo tira mucho, y a ti
              te corre por las venas.

CARMEN   Venga, vamos a acercarnos un momentico al
              puerto. Te invito a comer en la terraza del
              Café Columbus, y luego damos un paseo.

MAGUI   (*Se sienta a su lado y la coge de la mano.*) ¿En
              el Café Columbus? Cariño, es que eso está en
              Cartagena, y nosotras estamos en Madrid, y
              está lloviendo. Vamos otro día.

CARMEN   (*Saca unos pedazos de papel del bolsillo y algu-
              nos billetes de pequeño importe de la chaqueta de*

lana.) Mira tengo doscientas pesetas. Las llevo siempre aquí en el bolsillo.

MAGUI   Bueno, con eso tienes para entrante, primero, segundo, postre, café, copa y puro… Pero no da para que me invites…

(*Se ríe con cierta ternura.*)

CARMEN   ¡Claro que sí! Tengo más aquí en el bolsillo. En este otro bolsillo tenía otras doscientas, las guardo siempre por si me da hambre… Pero no lo encuentro, no lo encuentro… (*Rebusca en la chaqueta.*) ¡Alguien me lo habrá quitado! (*Agitándose.*) ¡Seguro que me lo han robado…! ¡Voy a llamar a la policía! Pásame el teléfono.

MAGUI   Cariño tranquila, no pasa nada, todo está bien. Soy Margarita, Magui, y nadie te ha robado dinero del bolsillo.

CARMEN   Sí, sí, me lo han robado y me van a oír, pues buena soy yo cuando me roban. (*Gritando.*) ¡Que venga aquí el guapo que me ha robado! ¡Me han robado! ¡Policía! ¡Policía!

MAGUI   Tranquila… (*La abraza e intenta que se siente otra vez.*) Tranquila… Mírame, soy Magui, Magui, Margarita. (*Intenta acariciarla.*) Tranquila… Nadie te ha robado nada, no te preocupes.

CARMEN   (*Muy nerviosa, se mueve por todas partes y se
              zafa del abrazo de* MAGUI.) Mira, si vas a de-
              jar que nos roben me parece muy bien, pero
              yo no lo voy a consentir. ¡Pienso encontrar
              al ladrón! (*Pausa.*) O a la ladrona … Que las
              hay que tiene la mano muy larga.

              (*Mira a* MAGUI, *insinuando que ha podido ser
              ella.*)

MAGUI   Nadie te ha robado nada… (*Intenta conven-
              cerla con paciencia, pero con bastante hartaz-
              go.*) ¡Ven aquí a sentarte!

CARMEN   (*Sin hacer caso, algo desorientada empieza a
              buscar entre los libros situados en el centro del
              escenario.*) Voy a mirar por aquí (*Hablando
              consigo misma.*) Tiene que estar, tiene que
              estar… Todo mi dinero, tiene que estar…
              maldito ladrón, (*Mira a* MAGUI.) o a la ladro-
              na… (MAGUI *intenta frenarla, pero no lo con-
              sigue,* CARMEN *está cada vez más agitada y
              desorientada. La situación es angustiosa para
              las dos.* MAGUI *intenta sujetarla para frenar su
              zozobra, pero* CARMEN *no se deja.* CARMEN, *en
              la medida de sus posibilidades, comienza a co-
              rrer con pasitos cortos alrededor de los libros,*
              MAGUI *intenta frenarla, pero no quiere hacerle
              daño. En el escenario se crea una situación en-
              tre triste, tierna y divertida al mismo tiempo.*)
              ¡No me persigas, que yo corro más que tú!

MAGUI   Te vas a hacer daño… ¡Ten cuidado!

CARMEN   Esto en los tiempos de la República no pasaba, ¡ahora te roban y te tienes que callar! Pues no me callo (*Grita.*) ¡Viva la República! ¡Viva la República!

MAGUI   Chsssss, ¡silencio! ¡Van a bajar los vecinos!

CARMEN   Es verdad, es mejor que no nos oigan, no vaya a ser… Chsssss, ¿crees que me habrán oído? (*Asustada.*) ¡Cierra la ventana corre!

MAGUI   Está cerrada, no te preocupes.

(*Intenta acercarse a* CARMEN *ahora que ya no corretea.*)

CARMEN   Ciérrala bien y corre las cortinas. Siempre hay mucho mirón, en este barrio, y en esta casa las paredes tienen oídos. Que no sepan que somos republicanas. (*Completamente quieta en el centro del escenario.*) ¡Silencio! ¡No hagas ruido! (MAGUI *se queda también quieta para no contrariarla, se escucha la lluvia en la calle.*) Me voy al escondite por si vienen.

MAGUI   ¿A qué escondite?

CARMEN   (*Muy bajito casi al oído.*) Debajo de la cama. ¡Como siempre!

(*Bajito, pero frustrada de que* MAGUI *no lo recuerde.*)

MAGUI   ¡Nis! (*Apodo con el que* AMANDA *solía llamar a* CARMEN.) ¡Tranquila por favor! No te angusties. Nadie va a venir a buscarte.

(*Al oír la palabra Nis,* CARMEN *frena en seco.* MAGUI *usa ese apodo porque sabe que normalmente hace que* CARMEN *se pare cuando se encuentra fuera de control.*)

CARMEN   ¿Nis? (*Mira a* MAGUI.) ¿Quién eres tú? ¿Qué haces en mi casa?

MAGUI   Soy Margarita, ¡Magui!

CARMEN   ¿Tú quién eres? Me llamas Nis, pero… ¿Y Amanda? ¿Dónde está?

(*Al borde del llanto.*)

MAGUI   Anda siéntate. (*La acompaña a la silla.*) Cariño, Amanda ya no está aquí.

CARMEN   ¿Pero por qué no? ¿Dónde está? Nos tenemos que marchar cuanto antes. Llámala…

MAGUI   Carmen… Acuérdate de hoy. Hace un rato hemos visto las noticias juntas. ¿Recuerdas que hemos estado hablando de lo de las Olimpiadas de Barcelona del próximo verano?

CARMEN   ¿Olimpiadas? ¿Aquí en Madrid?

MAGUI   No, en Barcelona…

CARMEN   ¿Y eso lo ha autorizado el generalísimo?

MAGUI   No, el generalísimo no, ese ya ni pincha ni corta… Las ha autorizado Felipe González.

CARMEN   ¡Ah sí! Ese es más guapo.

MAGUI   ¿Que el generalísimo? Bueno sin duda, le da mil vueltas, pero claro, el listón estaba bajo…

CARMEN   Es que es bajito él… Sí… Entonces tú eres…

MAGUI   (*Con dulzura, pero cansada, y al mismo tiempo aliviada de que la crisis de* CARMEN *parezca estar bajo control.*) Magui…

CARMEN   (*Un poco insegura de saber lo que está diciendo.*) Eso… Magui…

MAGUI   Qué te parece si preparo una tila, y mientras me enseñas esas fotos que tienes sobre la mesa. ¿O prefieres que ponga la tele?

CARMEN   No, la tele no… No me gusta ver la tele a estas horas. ¿Qué vamos a cenar?

MAGUI   Es un poco pronto, pero vamos a cenar sopa con picatostes. A ti te encanta, ¿no?

CARMEN   ¿El qué?

MAGUI   La sopa con picatostes… (CARMEN *pone cara de no entender de lo que habla.*) Para cenar…

CARMEN   ¿Sopa? Para cenar…

MAGUI   ¿Te gusta?

CARMEN   Pues creo que la sopa con picatostes no la he probado nunca, pero la pruebo…

MAGUI   (*Hablando para sí.*) No… Nunca… Al margen de que la pruebas todas las noches… (*A* CARMEN.) Bueno, pues vete abriendo el álbum que vuelvo enseguida.

          (MAGUI *desaparece, va a la cocina a preparar unas infusiones, desde allí sigue hablando con* CARMEN, *en off.*)

CARMEN   Vale.

MAGUI   (*Voz en off.*) No queda café, ¿verdad? (*Silencio.*) No sé para qué pregunto… ¿Quieres la tila con azúcar? (CARMEN *no responde, ahora que* MAGUI *se ha marchado, se ha puesto de nuevo a buscar el dinero que cree que le han robado. Busca con cuidado de no ser vista, sigue sin entender quién es* MAGUI *y aún no se fía de ella. Al no recibir respuesta,* MAGUI *saca la cabeza desde el hombro derecho.*) ¿Quieres azúcar? ¿Qué andas haciendo?

CARMEN   (*Disimulando.*) Claro, ¡cómo me voy a tomar una infusión sin azúcar! De verdad qué cosas tienes…

MAGUI   (*Con la cabeza fuera desde la cocina.*) Bueno,
         vengo enseguida con las infusiones… (*De nue-
         vo completamente en off.*) El grifo de la cocina
         sigue goteando, hay que avisar al fontanero.
         Esto no puede estar así… Te pongo poco azú-
         car que no te sienta bien.

         (*Mientras se oye la voz de* MAGUI *en off,* CAR-
         MEN *está revolviendo todos los libros, busca en-
         tre todos los montones, los abre, los zarandea…
         De repente abre uno de ellos y al hojearlo cae
         una foto en blanco y negro.*)

CARMEN   ¡Oh! (*Se agacha a recogerla.* CARMEN *se que-
         da fija en la imagen de la foto, parece evocarle
         recuerdos.*) Ernestina…

         (*Sale* MAGUI *de la cocina con una bandeja y un
         par de infusiones.*)

MAGUI   No queda casi tila, le diré a Cari que compre
         mañana cuando venga a limpiar. (*Posa la ban-
         deja sobre la mesa.*) ¿Qué es?

         (*Refiriéndose a la foto que observa* CARMEN.)

CARMEN   Ernestina.

MAGUI   (MAGUI *se acerca.* CARMEN *le entrega la foto
         para después separarse un poco y camina con
         sus pensamientos.* MAGUI *echa un vistazo a la
         foto, al darle la vuelta observa que lleva algo
         escrito detrás, y lo empieza a leer en voz alta.*)

«Quiero estar en tus manos cuando empieces a sentir el cansancio de la mala noche y la nostalgia de los tuyos. Quiero que mi cuartilla te sea una bienvenida más fragante que un ramo de rosas. Creía tan poco en este momento que sigo preguntándome: ¿Ya? Te esperaré en el club de once y cuarto a once y media de la mañana...». ¿Qué quiere decir: «te esperaré en el club de once y cuarto a once y media de la mañana...»?

CARMEN   Es la primera vez que Ernestina y yo nos encontramos en Madrid en el Lyceum Club Femenino.

MAGUI   ¿En qué año fue eso?

CARMEN   (*Desplegando una claridad mental que parecía no haber tenido hasta el momento.*) Magui, ¿cómo puedes olvidar estos datos importantes? Te conozco desde que eras así (*Señalando con la mano una medida que no levanta más de un metro del suelo.*) ¡No quiero ni pensar las cosas que te he enseñado y que has olvidado! La primera vez que fui a Madrid... Antes de la guerra, en el 29.

MAGUI   Bueno claro, el Lyceum lo cerraron en el 39, así que sí, tuvo que ser antes de la guerra.

CARMEN   Era febrero, hacía mucho frío... Yo llevaba un abrigo de paño que no abrigaba lo suficiente. Aquel frío me daba igual. Iba a ver a Ernestina, y nos íbamos a encontrar en el

Lyceum con tantas y tantas compañeras, lo de menos era el paño del abrigo, habría ido con sandalias con tal de ir….

Escena 2

Se hace un oscuro en el centro del escenario, CARMEN *y* MAGUI *desaparecen. Al volver la luz hay dos mujeres jóvenes. Una de ellas sobre un sofá, que acaba de emerger de entre todos los libros, es* ERNESTINA *de Champourcín, poetisa. Joven, morena, elegante, y algo trasgresora con la moda. La otra es* CARMEN *Conde, lleva un abrigo marrón, unos zapatos negros y un bolso del mismo color que los zapatos. Su aspecto es limpio y ordenado pero muy sobrio. El color y la calidad de su ropa contrasta con el de su amiga, mucho más exquisita y exuberante. Es febrero de 1929. Estamos en el Lyceum, presenciando un encuentro entre* CARMEN *Conde y* ERNESTINA *de Champourcín.* CARMEN *tiene veintiún años,* ERNESTINA *veintitrés.*

ERNESTINA   Vamos, quítate el abrigo.

CARMEN   ¿Dónde lo dejo?

ERNESTINA   Déjalo por ahí, qué más da… ¡Me moría por verte en persona! Ver tu figura, para mí siempre has sido un papel blanco lleno de tinta azul. Un sobre con sello cada dos días desde que empezamos a escribirnos. ¡Vamos! Date prisa, sin abrigo eres más tú... (*Se acerca a* CARMEN.) Eres por fin tú.

(ERNESTINA *tiene una mirada, viva, despreocupada y algo mordaz.*)

CARMEN   (*Sonrojada y cohibida por el comentario.*) ¡Qué sala más grande! ¡Qué suerte tener un sitio así para poder hablar de poesía! ¿Es solo vuestro?

(*Con un cierto halo pueblerino.*)

ERNESTINA   No es solo para hablar de poesía, el *Lyceum* es un espacio cultural Carmen, ya lo sabes... Aquí, intentamos que se pueda hablar de todo.

CARMEN   (*Intenta disimular su falta de conocimiento.*) ¡Claro! Sí, lo sé.

ERNESTINA   Lo que me gusta de esto es que aquí lo tenemos todo a nuestro alcance. Es maravilloso. Aquí, en este salón, puedes hablar de lo que quieras, aprender lo que quieras, ser lo quieras... Todo está al alcance de tu mano. Vamos ponte de pie.

CARMEN   ¿En el sofá?

ERNESTINA   Sí, ¡vamos!

CARMEN   ¿No nos dirán nada?

ERNESTINA   (*La coge de la cintura, y la ayuda a ponerse de pie sobre el sofá.*) ¡Será nuestro secreto! Dijimos que nuestro encuentro por primera vez debía ser bello, acompáñame. Observa la belleza desde aquí arriba. ¿Qué? ¿Qué opinas?

CARMEN   Pues hija, es igual de bonito que sentada en el sofá.

ERNESTINA   ¡Gira! (*La hace girar sobre sí misma, y termina el giro justo en frente de la cara de* ERNESTINA.) ¿Es bello lo que ves?

CARMEN   (CARMEN *baja abruptamente del sofá, y cambia de tema mientras comienza a pasear por la habitación.*) Ojalá tuviéramos algo así en Cartagena. Qué envidia Ernestina. Esa que hemos visto por el pasillo era la hermana de Ramiro, ¿no? María.

ERNESTINA   Sí, María de Maeztu, Ramiro es su hermano.

CARMEN   ¡Vaya! Me encantaría poder hablar con ella luego.

ERNESTINA   Vamos, deja de curiosear por la sala, y siéntate aquí conmigo. Por fin estamos juntas, y ahora solo te dedicas a repasar las fotos de la sala, y planear encuentros y conversaciones con otras chicas. ¿Estás nerviosa?

CARMEN   ¡No! Solo tengo un poco de frío.

ERNESTINA   Trae las manos, deja que te las caliente. (ER-NESTINA *agarra las manos de* CARMEN *y las aprieta contra su barriga.*) Madre mía, estás temblando. ¡Ven aquí!

(*Desde fuera de la habitación se oyen las riso-tadas de una mujer y un hombre que pasan por allí.*)

MUJER   (*Voz en off.*) ¡Vamos devuélveme mi libro!

HOMBRE   (*Voz en off.*) ¡Vas a tener que quitármelo tú!

CARMEN   (*Angustiada por si entran en la sala donde se encuentra con* ERNESTINA *y las ven agarradas, retira de un golpe seco las manos de entre las de* ERNESTINA.) En Madrid hace un frío horri-ble. Yo no había sentido un viento tan gélido nunca. ¿Cómo os las apañáis para vivir así?

ERNESTINA   ¡Qué va! En el norte es mucho peor, jajaja. (*Intenta tranquilizar a* CARMEN.) ¡Ay mi po-bre murciana! Aunque sí… Está siendo un febrero cruel, sí… Este sótano, en días como hoy, no es agradable, es muy húmedo, pero era el único sitio un poco tranquilo para po-der charlar a solas (*Se acerca de nuevo a* CAR-MEN. *Risas de nuevo en off.*) Esto está siempre lleno de gente…

CARMEN   Madre mía, ¡sí!

ERNESTINA   Mírate, tú en carne y hueso. Tú, respirando
              a mi lado. Ya no somos letras en la bolsa de
              un cartero, ¿te das cuenta? Somos tú y yo…
              Déjame que te ponga mi abrigo, te sentirás
              mejor, este calienta mucho más que el tuyo.

CARMEN   No, no hace falta, estoy bien.

ERNESTINA   Vamos, pero si estás temblando. (*Consigue
              ponerle el abrigo.*) No te resistas. (*Pausa, mi-
              rando a* CARMEN.) No sirve de nada resistir-
              se… ¿Mejor?

CARMEN   Gracias…

              (*Algo incómoda, pero encuentra cierto alivio
              del frío que tiene, y contenta por llevar puesta
              una prenda de* ERNESTINA.)

ERNESTINA   (*Enciende un cigarrillo.*) Me gustó mucho tu
              última carta.

CARMEN   ¿Cuál de ellas? ¿La que te mandé justo antes
              de subir al tren?

ERNESTINA   No, una de antes, una más antigua. (*Recuer-
              da literalmente lo escrito por* CARMEN.) «*¿Des-
              de dónde se acercan los corazones y las ideas
              cuando no se conocen las amigas tan como tú?
              Siento que vienes a mí, llegando, cada día me-
              jor*». Ahora estoy aquí Carmen…

(Ernestina *se acerca lentamente a la cara de* Carmen.)

CARMEN   Ernestina… (*Sin aguantarle la mirada que* Ernestina *ahora está clavando en sus ojos.*) Yo, no sé… (*Se separa abruptamente de* Ernestina.) ¿Crees que mañana nos podrá recibir Juan Ramón?

ERNESTINA   Supongo…

(*Se levanta del sofá, algo frustrada y desanimada al ver que* Carmen *intenta evitarla.*)

CARMEN   No puedo esperar. ¿Te imaginas? ¡Yo sentadica en casa de Juan Ramón Jiménez y de Zenobia Camprubí! Allí, ¡delante del matrimonio! Lo he imaginado millones de veces desde que contestó la primera carta que le mandé. He repasado el momento con todos sus detalles en mi cabeza. Seguro que viven en una casa grande, con un mirador a la calle, con alfombras de esas que parecen persas, y muebles buenos de madera oscura. Seguro que tienen una silla tapizada en rojo intenso, espero que me la ofrezcan para sentarme. Me encantaría sentarme en esa silla grande y roja, así todo sería como lo he visto en mi cabeza tantas veces. No sé aún qué decirle. No quiero parecerle idiota…

ERNESTINA   Hija, todo es grande… ¿Tu casa es muy pequeña? ¿Por qué ibas a parecer idiota? Eso sí, yo evitaría el acento de Cartagena, no te ayuda…

CARMEN (*Algo avergonzada y cuidando ahora mucho más su manera de hablar.*) Mi casa da lo mismo. (*Intenta evitar dar explicaciones de su modesta familia y modo de vivir.*) No quiero decepcionar las expectativas que tendrá Juan Ramón sobre mí…

ERNESTINA Te ha publicado en su revista, ¿no? Sinceramente, no creo que tenga expectativas sobre ti.

CARMEN ¿Por qué piensas eso?

ERNESTINA No creo que tenga expectativas sobre nadie. Siendo Juan Ramón no necesitas expectativas para nada, simplemente te dedicas a eso, a ser Juan Ramón que ya es bastante…

CARMEN Ya… Tienes razón…

(*De nuevo son interrumpidas por una voz en off de mujer y unos golpes de nudillos en la puerta.*)

VOZ (*En off.*) ¿Está la sala ocupada?

ERNESTINA Sí, la he reservado, míralo en la lista. Por favor, no interrumpas…

CARMEN Esto está de bote en bote.

ERNESTINA   Sí hija, hoy no hay manera de encontrar un poco de tranquilidad. ¿Y qué tal Antonio? ¿Se ha quedado contento? ¿O te ha atado una cuerdecita al dedo gordo del pie para saber en todo momento dónde estás aquí en Madrid?

CARMEN   Ya lo conoces… Me escribe todos los días, creo que empezó mientras me hacía la maleta.

ERNESTINA   ¿Poemas de amor, o prosa contenida llena de rasgados, (*Exagerando.*) «*no me dejes*», como dardos con la punta envenenada de culpa?

CARMEN   Bueno, pobre hombre, se ha quedado allí en Cartagena, y yo me he venido a conocer a Juan Ramón a Madrid. No lo culpo…

ERNESTINA   Bueno a eso, y a visitar a un médico, a ver qué pasa con ese cansancio crónico, que con todo lo que trabajas no sé de qué os extrañáis… Y a verme a mí, ¿no?

CARMEN   Claro a eso también, pero son muchas más cosas de las que se pueden hacer allí.

ERNESTINA   Muchas más cosas, de las que se pueden hacer sin poder supervisarte, de eso no cabe duda…

CARMEN   Es mi novio, ¿no?

ERNESTINA   Claro, es tu novio, pero esto también es 1929.

CARMEN   La supervisión forma parte del compromiso.
Supongo…

ERNESTINA   Supones, pero supones mal…

CARMEN   ¿Me acompañarás?

ERNESTINA   (*Sorprendida por la pregunta.*) ¿Dónde quieres que te acompañe?

CARMEN   A casa de Juan Ramón.

ERNESTINA   Ah… Sí, supongo que sí…

CARMEN   Todo esto está pasando de verdad… ¡No puedo creerlo! Ya no somos cartas…

ERNESTINA   No, no lo somos…

CARMEN   Perdóname, es verdad, hoy estoy un poco nerviosa, no se viene a Madrid todos los días…

ERNESTINA   No Carmen, no se viene a Madrid todos los días… Por eso es importante estar aquí… (*Alarga la mano y se la ofrece.*) ¿Vienes…?

(*Antes de que* CARMEN *conteste, se oye el sonido de un tren a punto de salir de la estación. La luz va bajando poco a poco mientras los dos personajes permanecen inmóviles.*)

Escena 3

Tras el oscuro total, vuelve a aparecer la luz te-
nue del principio. El centro del escenario vuelve
a estar lleno de libros agrupados en pilas desor-
denadas. En el proscenio volvemos a ver la mesa
de la cocina, a Magui, *y* Carmen *en 1991.*

Magui   Vaya, nunca me habías contado la historia de
              la primera vez que te encontraste con Ernes-
              tina de Champourcín con tanto detalle… (*Algo*
              sorprendida y confusa.) ¿Estás segura de que
              las cosas ocurrieron así?

Carmen   ¿Así cómo?

Magui   ¿Ernestina y tú erais así de íntimas?

Carmen   Es una buena amiga, aunque siempre me ha
              parecido muy rebelde, y un poco religiosa de
              más…

Magui   ¿Quién lo diría…? (*Intenta encontrar una res-*
              puesta urgente a una historia hasta entonces
              desconocida.) ¿Y qué pasó después?

Carmen   ¿Después de qué?

Magui   ¿De aquel encuentro en el liceo?

CARMEN   Hombre, aquel viaje a Madrid fue muy especial. Aún me vienen a la cabeza imágenes de aquellos días… (*Se tapa las mejillas en señal de sonrojo.*) Señor… Aprendí y viví cosas que… Aún hoy soy un trocito de ese viaje. Nunca volvimos a vernos, o no de aquella manera. Nos enviábamos muchas… (*Sin encontrar la palabra.*) Muchos… (*Frustrada.*) Jolín ¡lo de hablar con un papel! ¡¿Cómo se dice?!

MAGUI   Cartas…

CARMEN   ¡Cartas! ¡Eso! Aunque cada vez se espaciaban más y más. Bueno, hay personas que nos acompañan solo un tramo del camino, y a veces ese trozo nos cambia para siempre…

MAGUI   ¿A qué te refieres? Erais amigas, ¿no?

CARMEN   Sí, mi amiga… Fue una amistad apasionada, los primeros amores siempre lo son, ¿no?

MAGUI   Qué cosas más raras cuentas Carmen, ¿amores…? De verdad, no digas tonterías. ¡Lo que me quedaba por oírle a esta mujer! (*Hablando para sí misma, casi susurrando.*) Porque tiene la cabeza más allá que acá, que si no… Cualquiera se pensaría alguna cosa rara… En fin… ¿Qué vamos a hacer con todos esos libros? Amparo, la de la oficina, me ha dicho que no le importaría quedarse con algunos para su biblioteca.

CARMEN   ¿Pues qué es lo que quieres que hagamos? Quitarles el polvo como siempre he hecho... Dile a esa Amparo que se busque otro chollo. ¡No le doy ni uno!

MAGUI   Amparo es una compañera y una buena amiga, no digas eso... Hay algunos que hasta los tienes repetidos. A lo mejor podríamos aligerar un poco el espacio separando los que ya no necesitas.

CARMEN   ¡¿Cómo que los que ya no necesito?! (*Indignada.*) Los necesito todos. ¡Faltaría más! Un libro es como un amigo, ni se regalan, ni se tiran...

MAGUI   (*Se levanta y coge un libro de la pila de libros.*) A ver... Libro de cocina vegetariana. Para qué quieres este, si ni siquiera eres vegetariana.

CARMEN   Nunca se sabe, lo mismo un día me da por pasarme al otro bando, ¡déjalo ahí!

MAGUI   Primavera Mortal de Lajos Zilahy.

CARMEN   Los escritores húngaros... ¿Nunca te lo he recomendado como lectura niña?

MAGUI   No, nunca... (*Abre el libro para ojearlo.*) Está firmado por tu amiga Amanda (*Lee.*) febrero de 1936.

CARMEN   Fue el primer libro que me dejó.

MAGUI   Pues menos mal que era un préstamo…

CARMEN   Me lo envió por correo. Ella estaba en Murcia, y yo en aquel momento en Cartagena. Recuerdo el día que me llegó a casa. Me temblaban las manos de ilusión al abrir el paquete. Hacía tan solo unos días que nos habíamos conocido en una… Oiggg, ¿cómo se llama? Cuando te cuentan cosas y… (*Frustrada de nuevo.*) Coño…

MAGUI   Madre mía, ¡qué boca tienes últimamente! No sé lo que quieres decir…

CARMEN   Sí hombre sí… Una… ¡Charla!

MAGUI   ¡Ahhh! Una conferencia.

CARMEN   ¡Eso! De verdad cómo tengo la cabeza últimamente. (*Perdida.*) ¿De qué estaba hablando yo?

MAGUI   De la conferencia donde conociste a Amanda en el 36…

CARMEN   ¡Ah sí! Eso… Una conferencia en la Universidad de Murcia. Allí estaba… No te la imaginas… Elegante, siempre iba impecable… Inteligente, discreta, culta… Qué belleza… Oh Señor, qué belleza… (*Vuelve a hacerse un oscuro,* CARMEN *y* MAGUI *desaparecen. Al volver*

*la luz en el centro del escenario, entre las pilas
de libros está* AMANDA, *una mujer morena, es-
belta, aunque no muy alta, de unos treinta y
ocho años. Impecablemente vestida con falda,
blusa de seda estampada, un elegante abrigo
verde coronado por una estola de zorros y unos
zapatos de tacón a juego. Un sombrero y una
cartera en su mano rematan la vestimenta. Por
la otra pata del escenario aparece* CARMEN, *tiene 29 años. Ataviada con un abrigo marrón que
acumula ya algunos años a juzgar por sus pu-
ños que empiezan a verse algo raídos. Sus zapatos se han limpiado con betún en numerosas
ocasiones para tapar los desperfectos de la piel,
que han ido acumulando con los años. Va pei-
nada con un moño nítido y sobrio. Lleva un bolso negro y discreto colgando de uno de sus co-
dos.*) ¡¿Antonio?! ¡¿Antonio?! Hijo dónde
estás que nos tenemos que ir.

AMANDA   Chssss. (*Intenta que baje el tono.*) Desafortu-
nadamente, mi nombre es Amanda, no An-
tonio, siento decepcionarla. Y no creo que lo
vaya a encontrar aquí en la biblioteca.

CARMEN   ¿Amanda?

AMANDA   Amanda Junquera Butler, encantada.

(*Le ofrece la mano para saludarla.*)

CARMEN   (*Dándole la mano, y buscando con la mirada a
su marido.*) Encantada, estoy buscando a mi

marido, se ha perdido justo después de la conferencia y nos tenemos que marchar. Disculpe, no me he presentado, soy Carmen…

AMBAS   (*Terminando la frase.*) Conde.

CARMEN   ¿Me conoce?

AMANDA   Estaba usted en la conferencia de esta tarde con su marido Antonio Oliver, ¿no? Aquí en esta sala no creo que pueda encontrarlo.

CARMEN   Sí efectivamente. (*Sorprendida.*) ¿De qué nos conoce?

AMANDA   Son ustedes muy conocidos aquí en la Universidad de Murcia.

CARMEN   Entiendo. El proyecto de la Universidad Popular de Cartagena nos está haciendo más famosos de lo que me imaginaba.

AMANDA   Su proyecto de la Universidad Popular de Cartagena es muy apreciado por todos los catedráticos. Cayetano, mi marido, no para de hablar de ello. Pero siéndole sincera, no es por eso que la conozco.

CARMEN   ¿Entonces?

AMANDA   No se sorprenda, es una gran poetisa señora Conde, sigo con interés sus publicaciones en las revistas.

CARMEN   ¿De verdad?

AMANDA   Por supuesto, usted es una de las más recomen-
          dadas del Lyceum Club Femenino de Madrid.

CARMEN   ¿Su marido la ha llevado a Madrid a conocer
          el liceo?

AMANDA   (*Con ironía.*) He sido lo suficientemente in-
          trépida como para ir sola... Soy traductora
          de francés, italiano e inglés, y gran amante de
          la poesía, además de una lectora infatigable.

CARMEN   ¡A mí el Lyceum me encanta! Yo también lo
          he visitado, aunque hace ya unos siete años,
          creo que fue en el 29.

AMANDA   ¿No ha vuelto a ir?

CARMEN   Bueno, en aquella ocasión fui sola, ahora ya,
          casada con Antonio, no es tan fácil.

AMANDA   No sabe cuánto la entiendo... Tiene usted un
          marido y un ejército de cotillas midiendo cada
          uno de sus pasos...

CARMEN   Más o menos... (*Ríen ambas.*) Tiene razón
          con lo de las cotillas, hay muchas en estos
          parajes...

AMANDA   No hay nada que intrigue y enerve más a una
          mujer, que otra siendo libre sin pedir permi-
          so. Suelen ser infatigables con eso...

Carmen   Y que lo diga... la libertad femenina suele ser fuente de indignación. Así que conoce usted bien el Lyceum... ¡Qué interesante! No la había visto nunca por aquí...

Amanda   Lo visito siempre que puedo. Tengo mucha amistad con Zenobia Camprubí, una de las fundadoras.

Carmen   Ah sí, ¡claro! La mujer de Juan Ramón Jiménez.

Amanda   Sí, o más bien Juan Ramón el marido de Zenobia...

Carmen   Los conozco, y también a Ernestina de Champourcín.

Amanda   Lo celebro, son grandes... También conozco a otras socias, quizá sepa de ellas, María Lejárraga, Elena Fortún, María Teresa León, Concha Méndez...

Carmen   Me carteo con alguna... ¡Qué suerte!

Amanda   Sí, la verdad es que son amigas muy interesantes.

Carmen   Me refería a la suerte que he tenido de toparme con usted y conocerla. ¿Es usted británica? Su apellido, Bunler, lo es ¿No?

AMANDA   (*Corrigiéndolo.*) Butler, y no, la británica es
          mi madre. Yo nací en Madrid, aunque visito
          Londres con frecuencia.

CARMEN   Disculpe mi pronunciación, ¡me encantan
          los idiomas! Pero las clases son bastante ca-
          ras, intento aprender en modo autodidacta...
          ¿Qué hace usted aquí sola en la biblioteca?
          Están todos en la puerta de la sala de confe-
          rencias intercambiando impresiones.

AMANDA   Debo confesarle que las aglomeraciones no
          me fascinan, además, aquí he tenido más suer-
          te, estoy intercambiando impresiones con us-
          ted. La alternativa sería estar allí, y evitar a
          toda costa que la esposa del catedrático de
          matemáticas nos invite de nuevo a cenar...
          Ja, ja, ja, no me haga caso, antes de marchar-
          me a casa me gustaría tomar prestados un
          par de libros.

CARMEN   ¿Es usted estudiante de la universidad? ¿Qué
          libro está buscando?

AMANDA   Busco algún Virginia Wolf que no haya leído
          todavía. Cayetano Alcázar es mi marido. Ac-
          ceder al préstamo de la biblioteca sin límite,
          es una de las cosas positivas de estar casada
          con una cátedra de historia.

CARMEN   ¡Menuda suerte!

AMANDA   La negativa es soportar infinitas horas de asis-
          tencia a conferencias, y vinos españoles so-
          bre estos tacones.

ANTONIO   (*Voz en off.*) ¿Carmen? ¿Dónde estás? ¡Nos
          esperan abajo para llevarnos en coche! ¡Rá-
          pido que está lloviendo!

CARMEN   (*Contrariada por tener que marcharse.*) Lo sien-
          to, no me queda más remedio que irme ¿Le
          parece bien que le escriba?

          (*Saca un cuaderno de notas antes de recibir la
          respuesta para que le apunte su dirección.*)

AMANDA   (*Apunta sus señas.*) Por favor, no tarde.

          (*Ambas mujeres se despiden, hay un contacto
          físico especial al darse la mano en la despedi-
          da. Mientras se separan, comienza a sonar de
          nuevo la lluvia. Tras unos segundos las luces del
          centro del escenario vuelven a apagarse, y vol-
          vemos lentamente a la habitación de* MAGUI *y*
          CARMEN *en 1991.*)

Escena 4

MAGUI   (*Sentada en la mesa removiendo con una cucharilla su infusión.*) Madre mía, sigue lloviendo.

            (*El sonido de la lluvia ahora arrecia más fuerte.*)

CARMEN   (*Mira por la ventana.*) Nunca en la vida había sentido antes algo así.

MAGUI   ¿Algo así cómo?

CARMEN   Ver a alguien como Amanda. Era como si no hubiera ya nada más a su alrededor. Yo recuerdo claramente cómo, cómo… Cómo me sentí cuando rocé su mano mientras me daba la dirección… Amanda tenía unos ojos suaves que apuñalaron los míos de inmediato. Algo así… Me pilló desprevenida…

MAGUI   No sé si te entiendo Carmen. (*En tono sorprendido y algo despectivo.*) ¿De qué hablas? Bueno, mejor déjalo, porque esta tarde estás diciendo unas cosas… (*Hablando para sí.*) ¡¿El roce de nuestras manos?! ¡Cuánto desvarío…!

CARMEN   ¡¿Qué desvarío ni qué ocho cuartos?! ¡Yo no desvarío! Jamás olvidaré aquel día. Jamás olvidaré lo que sentí. Cada pequeño detalle. Hay cosas que son imborrables.

MAGUI   Carmen, por favor, que cualquiera que te oiga se imaginaría cualquier cosa… Bueno, tranquila… ¿Y Antonio, estaba contigo ese día?

CARMEN   ¿Qué Antonio?

MAGUI   (*Subrayando lo que dice.*) ¡Tu marido!

CARMEN   (*Pausa.*) ¿Dónde están mis cartas?

MAGUI   ¿Cuáles? Tienes miles.

CARMEN   (*Muy agitada.*) ¡Necesito mis Cartas!

         (CARMEN *se mueve al centro del escenario, y comienza una búsqueda frenética de unas cartas concretas.*)

MAGUI   (*Trata de calmarla.*) Tranquila, yo te ayudo, no te preocupes. Están ordenadas por años. ¡Estate quieta! ¡Las vas a desordenar todas! ¡Por favor! ¡Eres muy cabezona! No puedo contigo… (*Agotada y frustrada…*) Vamos Carmen, por favor, ¿Qué necesitas? ¿Qué carta buscas?

CARMEN   Nuestras cartas.

MAGUI   ¿Nuestras? ¿A quién te refieres?

CARMEN   A las nuestras, ¿a quién me voy a referir?

MAGUI   Tienes miles de cartas, solo te ha faltado car-
          tearte con el Papa. Porque del Papa no tienes
          ninguna, ¿verdad?

CARMEN   ¿De qué Papa?

MAGUI   (*Para un segundo y mira a* CARMEN *con inquie-
          tud.*) A veces me das miedo…

CARMEN   Deben de estar por aquí. Sí, por aquí.

          (*Busca compulsivamente.*)

MAGUI   Las cartas de Amanda están archivadas en esa
          pila, creo que las tienes ordenadas por años.

CARMEN   Aquí están, ¡las encontré! Estas son…

MAGUI   Hija, menos mal, ¡qué agonía…!

CARMEN   Amanda…

          (*Acariciando las cartas.*)

MAGUI   (*Cansada.*) Carmen, qué te parece si ahora
          que vas a leer un rato, yo bajo de un salto rá-
          pido a comprar café.

CARMEN   Esta fue la primera…

          (*Acaricia uno de los sobres entre sus manos
          mientras lo abre.*)

MAGUI   Bien, quédate aquí tranquila, bajo a la tienda de Enrique. Vuelvo enseguida. No le abras la puerta a nadie. ¿De acuerdo?

CARMEN   Sí. (*Contesta ensimismada en la carta que acaba de abrir.* MAGUI *abandona el escenario, mientras* CARMEN *se dispone a leer la primera carta. La luz baja en el lado de* CARMEN *anciana, y sube en el centro del escenario. Aparecen sobre él,* CARMEN *y* AMANDA *de jóvenes. Comienzan a recitar trozos de cartas que se han enviado la una a la otra. Miman que las están escribiendo en una especie de coreografía que se desarrolla sobre los libros del escenario que hacen a su vez de mesas, sillas...* AMANDA *y* CARMEN *van transformando el espacio de manera simple con cada carta, a modo de cambio de lugar de escritura. Con cada carta asistimos a un breve cambio de espacio sonoro. Las cartas son extractos literales de cartas que se enviaron, y que se conservan en el Patronato* CARMEN *Conde-*ANTONIO *Oliver de Cartagena, recogidas en el libro Epistolario de Fran Garcerá y Cari Fernández.*) «Febrero de 1936. Mi distinguida amiga Amanda, envío a usted con correo certificado Lettres de Katherine Mansfield; y el otro libro sobre la U.R.S.S del que le hablé ayer. Fue demasiado breve ayer el tiempo de charla con usted, y siento mucho no hacerlo más frecuente. Su nueva amiga, muy cordial y afectísima, Carmen Conde de Oliver».

AMANDA   «Febrero de 1936. Señora doña Carmen Conde, he recibido, mi buena amiga, su carta y afortunadamente los libros. ¿Conoce el Journal de Marie Bashkirtseff? Es interesante ponerse en contacto con psicologías tan femeninas. Se lo enviaré. Espero tener el gusto de encontrarnos de nuevo. Le escribiré más largo cuando le envíe los libros. Su afectísima amiga, Amanda Junquera de Alcázar».

(*Sonido de pájaros.*)

CARMEN   «Los Dolores, 22 de febrero de 1936. Mi querida amiga, a otro día de su carta vino su libro y ayer mismo lo leí. Primero empezar a dar vueltas con él gustándolo cerrado. ¡Da tanta pena que se acaben los libros que sabemos buenos! Por no terminarlos, tardo en empezarlos; y luego ya no los dejo hasta que los termino. Estoy encantada con Primavera Mortal, y ya puede usted imaginarse cuan agradecida a usted. Unas cartas, las mías a Katherine Mansfield, me parece que nos han acercado a usted y a mí. No le oculto que me encanta recibir sus noticias pues estoy casi privada de amigas inteligentes a mi lado y la conversación es tan precisa como el aire cuando son palabras de calidad las que se oyen. Carmen Conde».

AMANDA   «Marzo de 1936. Mi querida amiga, la esperé toda la semana y cada día me vi defraudada por su ausencia. Su postal del domingo me quitó ya toda esperanza de verla por ahora. La palabra tiene una fuerza enorme, pero es cuando está al servicio de un gran espíritu como el suyo. Me encantan sus cartas, me producen la alegría que un niño experimentaría con un juguete agrandado por una ilusión muy contenida: las he soñado siempre, mis silencios se adormecían en nostalgias. A nuestro lado pasan muchas almas, pero muy pocas logran despertarnos. Todo nos acerca, siento como si nuestra amistad tuviera raíces, y la quiero. Muy suya, Amanda Junquera».

CARMEN   «Marzo de 1936. Mi querida amiga, cuando se ha dicho a una persona que se la quiere, hay derecho a creer en la confianza. Tú me has afirmado que nuestra amistad tiene raíces. ¿Por qué no? Y más si ves esas raíces en el agua dorada de un bonito diálogo». (CARMEN *deja de escribir y recita una poesía que dedicó a* AMANDA, *pero que no llegó a mandarle.*) «Hundí mis dientes en la luz cuajada, y el
[chorro
delgado dulcísimo de la pulpa me doro los
[labios en
éxtasis de jugo tierno. Pensé en los huertos con azahar en estallido de nieve, y el olor se me
[pegó a la
lengua recordándome el poder de la tierra,
[matriz de
frutos sin descanso.
Por los dedos me corrían sangres de naranja derramada de azúcar líquida. Las manos se
[mojaban de

naturaleza derretida, dejando el amarillo
deslumbrador contra el topacio de la tarde.
La casa entera olía a frutos pulposos, a
                        [naranjales
bamboleados por el viento de mi voz dichosa.
Cerrando los ojos sobre la delicia del mordisco
                        [en el
ácido glorioso, me dormía al amparo de un
                        [sabor
divino».

(CARMEN *vuelve a sentarse para seguir escribiendo cartas.*)

AMANDA   «Murcia, 8 de mayo de 1936. Mi querida Carmen, desde que me dejaste el domingo no he
abandonado la mesa cuyos montones de libros forman ya muros, que me aíslan aún más
del exterior».

(*Sonido excursión a la playa de chicas.*)

CARMEN   «9 de mayo de 1936. Mi querida Amanda,
hoy me ha escrito Aguilar diciéndome que
publicará Júbilos en la colección de «Poesía
negra», y estoy contenta porque me gusta. No
sé si iré yo en esa excursión que las chicas de
la Universidad Popular han organizado, pero,
aunque no vaya, te veré a ti en un viaje par-
ticular. No me interesa nada pasar la tarde
contigo y con mucha gente. Perdón porque
digo la verdad, y porque esta sea la verdad;
prefiero la conversación íntima, el diálogo a

solas. Tu voz, que viene de tan delgadas orillas del alma, y a tan finas orillas va, requiere un pequeño aislamiento. Un beso y un recuerdo siempre de Carmen. P.D. Escríbeme, por poco que sea».

(*Sonido de metralletas.*)

AMANDA   «Madrid 8 de agosto de 1936. Mi queridísima Carmen, quisiera hablarte horas, días enteros, segura de que nuestra desolación es la misma e idéntico nuestro dolor. No tiene nombre el haber desencadenado este vendaval, que se lleva por delante cuanto había de mejor en nuestra querida República, para dar paso al rencor, al odio, que nunca fue de buenos frutos. De momento el ejemplo de Madrid ha sido maravilloso, de temple, de bravura, de entusiasmo, pero mi preocupación hasta la obsesión, es cómo pueden después canalizarse estas fuerzas espléndidas, cuando no las retenga ya el combate y las rinda la fatiga de él. Estoy llena de dolor, me duele España entera sufriendo las consecuencias de una lucha tan irresponsablemente desencadenada. Te abraza muy fuerte Amanda».

(*Suena un teléfono. El centro del escenario va quedando oscuro. La luz vuelve a enfocar a* CARMEN *anciana que está sentada en una silla leyendo una de las cartas de* AMANDA. *El teléfono interrumpe su lectura. Se levanta y va a cogerlo.*)

Escena 5

CARMEN   Sí, dígame. ¿Cómo? ¿Quién? ¿Yo? ¿Pero quién llama? ¿Amelia? Yo no conozco a ninguna Amelia. (*Cuelga.*) ¿Amelia…? ¡Pero para qué llamarán! Dice que se llama Amelia… No se dan cuenta de que molestan… ¿Amelia…? (*Vuelve de nuevo a sus cartas.*) Su voz, sin embargo… (*Mientras vuelve a leer suena el teléfono de nuevo.*) Me cago en la leche, no puedo leer tranquila… (*Va a coger el teléfono.*) Sí, dígame. ¿Amelia? Amelia… ¿Amanda? ¿Eres tú Amanda? ¡Amanda! ¡Qué alegría oír tu voz! ¿Cómo estás? ¿Estás bien? ¿Cómo van las cosas por Madrid? Mi madre y yo estamos en Murcia muy asustadas. No he podido hablar contigo antes, pero me moría por saber si estabas bien, y por oír tu voz… Todo ha pasado tan rápido… Antonio se presentó voluntario como radiotelegrafista y lo mandaron al frente, a Granada. Al principio se fue solo, pero enseguida me mandó llamar, no se encontraba bien.

(*La luz vuelve a subir en el centro del escenario. AMANDA y CARMEN joven están en él, cada una sujetando un teléfono en la mano mientras hablan cada una desde una punta.*)

AMANDA   ¿Y fuiste a Granada?

CARMEN   Claro, si me llama, y desde el frente, ¿cómo no concederle ese gusto? Fui con auténtico terror, pero fui... Al poco de estar allí me enteré de que habían bombardeado Cartagena sin descanso.

AMANDA   Lo sé.

CARMEN   No imaginas cómo esas noticias te vuelven loca cuando estás fuera. Mi gente estaba allí, mi madre...

AMANDA   ¡Qué horror Carmen! ¿Tu madre está bien?

CARMEN   Sí, sí, está bien. Cuando llegué, Cartagena era como un cuerpo mutilado. La calle del Carmen... Simplemente ha desaparecido, ya no queda nada. Cartagena es una zanja, una zanja llena de escombro... ¡¿Cómo han podido?! Hay mucha gente en la cárcel de San Antón. ¿Recuerdas que te hablé del primo de Antonio?

AMANDA   ¿Quién, Dionisio?

CARMEN   Sí. Lo han fusilado. Te juro Amanda que hice cuanto pude por evitarlo, pero fue inútil. Nadie atiende a razones. Las personas se han borrado, y han dado paso a alimañas.

AMANDA   Lo siento muchísimo. Por favor, díselo a Antonio de parte de Cayetano, y de mí. No entiendo cómo están haciendo esto. ¡¿Por qué?!

CARMEN   ¿Por qué han matado a Federico? ¿Por qué han matado a tantos otros? A finales de julio, justo cuando todo estalló, nos quemaron la mayoría de las iglesias de Cartagena. No te imaginas, era un paisaje dantesco… Yo vi desde la calle del Aire cómo apilaban los cuadros, las imágenes y santos de Salzillo de la iglesia de Santa María, y les prendían fuego… Nada pudimos hacer para evitarlo, ¡¡no se pudo hacer nada!! A punto estuve de que un loco me arrastrara contra una de las hogueras, me salvó un desconocido, un chico amable, un tal Arsenio me dijeron que se llamaba, si no es por él no lo cuento, ojalá que esté bien.

AMANDA   Carmen, ¿cómo te puedo ayudar? Por favor…

CARMEN   No te preocupes, me he venido con mi madre a Murcia, aquí las cosas andan un poco más tranquilas.

           (*Se empiezan a oír interferencias en el teléfono.*)

AMANDA   ¿Carmen?

CARMEN   ¿Amanda? ¿Me oyes?

AMANDA   Se oye todo entrecortado.

CARMEN   ¿Cuándo nos vamos a ver? Amanda, ¡quiero verte!

AMANDA   (*El ruido y las interferencias siguen sonando de fondo.*) No te oigo bien Carmen.

CARMEN   Por favor, quiero verte. ¡Necesito verte!

(*Se corta la comunicación.*)

Escena 6

Se oye cómo se pierde la línea, y el teléfono empieza a comunicar. El centro del escenario vuelve a quedar a oscuras poco a poco. Se oye una llave abriendo una puerta, es Magui *que vuelve de la calle. La escena de* Carmen *anciana y* Magui *vuelve a cobrar vida.*

MAGUI   (*En off.*) ¡Carmen! ¡Soy yo Magui! ¡Ya he vuelto! (*Entra en escena.*) ¡Madre mía, qué frío! El chubasquero este no abriga nada, pero los abrigos de paño se calan con este calabobos, así que hay que elegir entre: pelarse de frío, o acabar como un pepinillo recién sacado del tarro… (Carmen *anciana sigue pegada al teléfono con lágrimas en los ojos.*) ¿Con quién hablas? (*Se acerca. Al ver sus lágrimas le quita suavemente el teléfono, y escucha cómo comunica. Hace tiempo que el otro lado de la línea ha colgado.*) ¡Pero si está comunicando…! No hay nadie, Carmen. ¿Con quién hablabas?

         (*Cuelga el teléfono cansada de volver a comprobar el deterioro mental de* Carmen*….*)

CARMEN   Con Amanda.

MAGUI ¿Con Amanda? (*Agotada de que no retenga ciertas cosas.*) Cariño, esto lo hemos hablado otras veces… ¿Te acuerdas? Mira, Amanda ya no está. Yo sé que es difícil, pero Amanda se fue hace algunos años. Se puso muy enferma, murió.

CARMEN (*Hace caso omiso de los comentarios de* MA-GUI.) Tengo que escribirle, no he podido contarle todo lo que quería, el teléfono se ha cortado. ¡Qué porquería de línea! Seguro que es el cable murciano, en Madrid siempre funcionan bien estos cacharros. A ver, ¡necesito papel y…! (CARMEN *se atasca con la palabra pluma.*) ¡Y eso para…! ¡Jolín! (*Cada vez más frustrada.*) ¡Eso para escribir cartas!

MAGUI ¡Pluma…! Carmen, ¡escucha!

(*Intenta pararla y que se centre.* MAGUI *está muy cansada.*)

CARMEN ¡Déjame! ¡Necesito escribir a Amanda! ¡Que me dejes!

(*Mientras* MAGUI *intenta frenarla.*)

MAGUI Por favor, ¡Carmen cálmate! (*Respira y se carga de paciencia.*) Ven, vamos a sentarnos y le escribimos a Amanda entre las dos

(*Intenta que se tranquilice y siga sus instrucciones.*)

CARMEN   ¿Tú te sabes su dirección? Es que yo no la encuentro.

MAGUI   ¡Claro que la tengo! Tú no te preocupes, siéntate aquí mientras yo busco papel y tu pluma. (CARMEN *se sienta.*) ¡Por fin…!

          (*Susurra para sí misma.*)

CARMEN   Esta mujer es como una agenda con patas, se acuerda de todas las direcciones… A ver si se las está inventando… (*Con cara de sospechar algo.*) Vale, yo voy pensando lo que le voy a escribir. No se me debe olvidar nada.

MAGUI   Eso es, vete pensando en todo, que ahora mismo vuelvo.

          (MAGUI *desaparece unos segundos del escenario, ha ido a buscar un vaso de agua y la medicación de* CARMEN *para que se calme.*)

CARMEN   (*Comienza la carta mentalmente.*) Querida Amanda… (*Se para unos segundos a intentar componer una frase, tras esforzarse solo consigue reunir tres palabras.*) Vámonos otra vez…

          (*Susurra con cierta frustración por la dificultad del ejercicio, y resumiendo todo en lo que realmente necesita.* MAGUI *vuelve al escenario, lleva un vaso de agua y los ansiolíticos de* CARMEN.)

MAGUI   Cariño, te he traído un vaso de agua y tus pastillas, para que te encuentres mejor mientras escribimos la carta. Esto te ayudará, tómatelo anda… (CARMEN, *se toma la pastilla junto con un sorbo de agua, y se recuesta sobre el sillón.*) Eso es… A ver enséñame la boca, ¿te la has tragado? (CARMEN *le enseña la lengua.*) Muy bien, no te escondas nada que nos conocemos… Ahora descansa un poco mientras yo busco las cosas para escribir. Así… Déja que te ponga un cojín en la espalda para que estés más cómoda. Podrías dormir una pequeña siesta. ¿Qué te parece?

CARMEN   No, no quiero dormir, yo quiero escribir. Coge papel que te voy a dictar. A ver, pon la fecha.

MAGUI   (*Sin coger papel ni boli, mientras recoge un poco la mesa.*) Vale, ¿qué fecha pongo?

CARMEN   Pues hija, la de hoy, doce de enero de 1951.

MAGUI   ¿Estás segura?

CARMEN   ¡Ya estamos! ¡Que sí…! A ver… debajo de la fecha tienes que poner la ciudad donde estamos. Eso siempre es así…

MAGUI   Vale, ¿qué ciudad pongo?

              (*Lo dice a propósito, sabe que* CARMEN *probablemente no sabrá contestar a la pregunta, se frustrará con el ejercicio, y lo dejará por un rato.*)

CARMEN ¡Pues esta! (*Intenta acordarse, pero se da por vencida.*) ¡Esa pregunta es muy impertinente! De verdad… Déjame que tengo que pensar lo que quiero escribir.

MAGUI (*Se acerca a* CARMEN.) Por qué no descansas un poco antes de seguir con la carta. Tendrás la cabeza más despierta y más ágil.

CARMEN No tengo sueño, no me puedo dormir.

MAGUI Tranquila, yo te ayudo. Es más fácil de lo que parece si te dejas llevar.

CARMEN No me puedo dormir, no tengo sueño.

MAGUI (*Coge la mano de* CARMEN *y comienza a acariciarle la cabeza.*) Vamos a pensar en cosas bonitas.

CARMEN ¿Cosas bonitas?

MAGUI Sí, piensa en un lugar. ¿A qué lugar quieres ir mientras duermes la siesta?

CARMEN Me gustaría ir a la playa.

MAGUI ¿Quieres ir a una playa de Cabo de Palos? Esas son las que más te gustan, podemos subir al faro y ver el atardecer…

CARMEN No, quiero ir a Alicante. Quiero ir al peñón de Ifach.

MAGUI ¡Uy! Eso es nuevo… Pero nos vale también. Vamos a imaginar algo bonito y relajante…

CARMEN No me hace falta imaginar, solo quiero volver.

MAGUI ¿A dónde Carmen?

CARMEN A Ifach. Volver a Ifach. Me acuerdo de aquel día. Estábamos en la playa para ver el atardecer. El sol era como una naranja ensalitrada en una lucha perdida de antemano contra la voraz espuma que lo engullía lentamente. (CARMEN *va cayendo en un ligero sueño provocado por el cansancio y las pastillas. Se empiezan a oír olas del mar. Se vuelve a encender el centro del escenario.* CARMEN *joven y* AMANDA *se encuentran paseando por la orilla de la playa, llevan los zapatos en la mano.*) ¡Qué día tan maravilloso hemos pasado! ¡Qué gran idea hemos tenido! ¿No crees? Me encantan el solecico y el mar de Alicante, ¡y el parador es precioso!

AMANDA No es precioso, ¡es una maravilla! Está en un lugar tan bonito, y tiene unos detalles tan cuidados. Desde que me enteré de que Zenobia lo había decorado quería venir. ¡Esta mujer es hasta decoradora!

CARMEN Me rompe el alma que hayan tenido que marcharse del país. ¡Qué harta estoy de todo esto! Ojalá que puedan volver pronto. Sin ellos esto no será lo mismo. España no puede prescindir de Juan Ramón Jiménez ni de Zenobia Camprubí… Te parecerá una tontería, pero aquí en Calpe el agua parece de un color azul más intenso.

AMANDA   (*Riendo.*) ¡Pero si es el mismo mar! ¡Cómo va a tener colores distintos cabecita loca!

CARMEN   ¡Ay nena no! ¡Eso sí que no! ¡No es el mismo mar! Él intenta engañarnos, pero aquí el aire es otro, el sol es otro. El mar exhibe su magia en todas partes, (*Imita pases de magia con las manos a modo de broma.*) pero aquí, ¡el Mediterráneo ruge poesía!

           (*Entusiasmada.*)

AMANDA   (*Con ironía.*) A veces subestimo tu grado de locura…

CARMEN   No sé… ¡Poemas, versos, notas de todo tipo, no han parado de venirme a la cabeza! Es como si las olas hubiesen tomado el control de mis ojos, mis manos, mi pecho. Todo huele a mar, salitre abriéndose paso entre mis tripas. Dime tú si eso no es magia.

           (CARMEN *salpica un poco a* AMANDA *con agua de mar.*)

AMANDA   (*Moja también a* CARMEN, *y las dos corretean intentando huir de las salpicaduras.*) ¡Ahí va un poco de magia salada!

CARMEN   (*Jadeando por el correteo.*) ¿Ves? Te dije que debíamos parar aquí de camino a Valencia y descansar unos días. Nos va a venir muy bien. Así dejamos atrás toda la angustia de los últimos meses. ¡Menudos meses! Antonio en el frente de Baza, a Cayetano le mandan al frente de Granada también... Bombardeos constantes, el miedo que hemos pasado al ir a visitarlos... Pero ahora ya hemos cambiado de año, 1937 nos va a traer cosas muy buenas. ¡Esto es solo el principio!

(*Ilusionada.*)

AMANDA   No sé... ¿De verdad crees que este año es el de la vuelta a la normalidad? Necesito que esta guerra termine.

CARMEN   Sin duda, las cosas van muy bien, poco a poco estamos reduciendo a los sublevados. Antonio dice que ya queda menos, y ellos en el gabinete telegráfico del frente sur tienen siempre las últimas noticias. Los hemos frenado en Jarama. Madrid sigue resistiendo, la guerra acabará pronto. Es cuestión de algunas semanas más.

AMANDA   (*Apesadumbrada.*) Dios te oiga Nis...

CARMEN   ¡Claro que me oye! ¡Está de nuestra parte! ¡Dios es republicano! Con carnet de afiliado y todo... Jajajaja

(*Ríen ambas.*)

AMANDA   Que se ande con ojo, que Judas puede verse
          tentado a informar en el cuartelillo… Gracias
          por mantenerme optimista, eres como la rá-
          faga de viento que se lleva las hojas muertas
          y lo llena todo de verano.

CARMEN   Venga, tenemos motivos para estar contentas.
          Vamos a Valencia, a la universidad, ¡vamos a
          empezar filosofía! Me costó dios y ayuda que
          mi madre me dejara estudiar, debía esconder-
          me para leer sin que me pescara, y me solta-
          ra un buen guantazo, y ahora ¡mírame! En las
          aulas, ¡hablando todo el día de historia, filo-
          sofía, poesía, teatro! ¡Todo a nuestro alcance!
          Y lo mejor, ¡juntas Amanda! ¡Las dos juntas!

AMANDA   Sí, tienes toda la razón mi pequeña loca.

CARMEN   ¿Lo ves? ¡Sonríe! (*La coge de las manos.*) ¿Ves?
          Así estás aún más guapa. ¡Vamos! Ponte ahí,
          déjame que te saque una foto, así este mo-
          mento, y esta sonrisa, estarán conmigo para
          siempre. (*En tono jocoso, muy exagerado y te-
          atral.*) ¡Nadie me las podrá quitar! ¡Defende-
          ré la foto con uñas y dientes! (*Susurrando y
          mucho más seria.*) Tendrán que matarme para
          quitármela. (AMANDA *se coloca para la foto.*)
          Así, justo ahí con el peñón de Ifach de fon-
          do. Quedará una foto preciosa.

AMANDA   Deberías ser fotógrafa.

CARMEN   ¡No…! Lo mío es escribir… Sacar fotos es un pobre intento de retener momentos de esos que no quieres que se te escapen entre los dedos. Son como el agua, se derraman… (*De nuevo exagerada y teatral.*) Ya sabes, frenar el insaciable reloj de arena…. (*Seria de nuevo.*) Me resulta más fácil describir la sensualidad de este mar azul verdoso, o de ti…

AMANDA   Vamos Nis, háblame de la sensualidad del mar mientras me haces la foto. Así tus versos quedarán también capturados por la cámara, enredados en mis brazos, ceñidos a mis piernas para siempre.

CARMEN   (*Mira a través de la cámara.*) El azul intenso se pasea exuberante, impúdico, voraz por mis pupilas. Mientras juega con ellas, entre sinuosos y lúbricos meandros llega a mis tripas, y me inunda, me anega de azul verdoso sin ninguna piedad, sin más misión que sumergirme bajo un inmenso y translucido añil infinito que se convierte en todo.

AMANDA   Dime que tu mar ha salido mezclado conmigo en la foto.

CARMEN   (*Quita la cámara de delante de su cara.*) Quisiera que hoy no se acabara nunca.

AMANDA   Ojalá mi fotógrafa de versos.

CARMEN (*Silencio.*) Amanda, yo… Yo tengo algo aquí (*Señalándose el estómago.*) No sé cómo explicártelo, es todo muy confuso.

AMANDA Inténtalo.

CARMEN Siento angustia.

AMANDA (*Casi segura de lo que va a decir.*) Dilo Carmen.

CARMEN Hay algo que necesito tanto, y con tanta fuerza, que me vuelvo loca. Se me amontona aquí la culpa (*Se señala el estómago.*) en una duna enorme.

AMANDA Carmen…

CARMEN Amanda, te lo juro, es un dragón de fuerza desconocida. Es… (*Busca las palabras justas.*) Es un volcán en constante lucha con mis huesos, con mi aliento, que quiere abrirse paso. Una erupción de palabras, que quema mi lengua llena de surcos de lava. Es una lucha sin descanso.

AMANDA Carmen…

CARMEN Lo sé… Estoy muerta de miedo, porque estoy perdiendo la batalla, y porque una parte de mí desea tanto perderla.

AMANDA Carmen…

CARMEN   No, déjame seguir. No me pares porque me
              revienta el pecho, no puedo frenar más estos
              aullidos que salen de mí, y solo oyen mis oí-
              dos. Si es necesario, pasaré el resto de mi vida
              pidiéndote perdón, ¡juro que lo haré Aman-
              da! Pero necesito decir esto. (*Pausa.*) Te quie-
              ro. Te deseo. (*Pausa.*) Lo siento.

AMANDA   Ven.

              (*Intenta acercarse.*)

CARMEN   (*Se aleja.*) Lo sé… Pero, ¡¿qué se espera que
              haga con todo esto?! ¿Cuánto tiempo más?
              Esta angustia de sentir, y no poder decir, de
              acercarme, y no poder rozar, de necesitar, y no
              poder tener, de morirme de sed, y no poder
              beber, a pesar de tenerte a mi lado. Cada día
              me conformo, y me conformo, ¡¡¡y me vuelvo
              a conformar…!!! (*Enfadada.*) Ese hilo de aire
              que entra por un resquicio de la ventana sin
              poder abrirla de par en par para respirar, para
              llenar mis pulmones por fin de aire que los
              conquiste por primera vez y para siempre…

AMANDA   ¡Carmen! (*La llama al ver que se va.*) Míra-
              me. (*Sin éxito.*) ¡Carmen mírame! Sé que es-
              tamos rompiendo leyes, leyes importantes…
              (*Pausa.*) Yo también te quiero.

CARMEN   Amanda ¡dos mujeres…! (*Escandalizada por
              la sola idea.*) ¡Estamos casadas! Antonio, Ca-
              yetano… La gente…

(AMANDA *besa a* CARMEN.)

AMANDA   Deja de llorar mi niña…

CARMEN   (*La interrumpe.*) ¡Silencio! Me quieres… ¡Silencio!

(CARMEN y AMANDA *se abrazan, y la luz del escenario se va apagando, mientras suenan dos pájaros que vuelan juntos. Pocos segundos después se oye la voz de* MAGUI *al otro lado del escenario.*)

Segundo acto
Escena 7

Vuelve a encenderse la luz en la escena de CAR-
MEN *anciana y* MAGUI. MAGUI *está sola, habla
por teléfono bajito.*

MAGUI   Hola Amelia, qué bien, por fin doy contigo…
(*Pausa.*) ¡Que me has llamado antes! Uy, habrá sido en los cinco minutos que he bajado
a la calle a por café. (*Pausa.*) Sí, ¿has hablado con ella? Bueno, mejor, ya es muy difícil
mantener una conversación normal. Lo siento… La mayor parte del tiempo no recuerda
bien ni quién es, vive en su mundo, cualquiera que sea ese mundo… Solo quedan algunos
de sus recuerdos, y yo diría que a veces ni siquiera son reales, no sabría decir, dice cosas
que no sé si creer, o que prefiero no creer…
Está como desinhibida… No está orientada
en tiempo o espacio, aunque en ocasiones,
pocas, le sobreviene una lucidez con la que
por un momento vuelve a ser ella… (*Pausa.*)
Bien, ¿entonces tenéis ya habitación dispo-
nible? Estupendo, ¿dónde? ¡Ah! Aún mejor,
la residencia de Majadahonda es la que más
me ha gustado. Por favor, habitación indivi-
dual. Eso es… (*Pausa.*) Bien, y ¿cuándo la
puedo llevar? Ok, entendido. Mañana es un

poco precipitado, debo hablar primero con ella. (*Pausa.*) Ya. Mi problema es explicarle por qué tiene que ir. (*Pausa.*) No, aún no sabe nada… Se me hace un nudo en la garganta cada vez que le intento sacar el tema… ¡Pero si ella no sabe ni lo que es el Alzheimer…! (*Pausa.*) Ya, ya sé que no le puedo decir eso… Pero sabe cómo murió su mejor amiga, Amanda… Vivió su final de manera muy traumática. (*Pausa.*) Bueno, también… (*Respira profundamente para poder seguir hablando.*) Esto es durísimo. Por favor, no quiero que sufra. (*Pausa.*) Sí, lo sé, se lo digo a mi sentimiento de culpa todos los días, pero mi culpa es testaruda y tiene forma de látigo… (*Pausa.*) Gracias… (*Pausa.*) Bien, no, no… Carmen no tiene familia, ni hijos, firmaré yo los papeles. Sí, como su asistente. Vale… Hablamos. ¡Gracias Amelia! (MAGUI *cuelga el teléfono.* CARMEN *entra en escena desde su habitación.*) Hombre, ¿qué tal te encuentras después de descansar?

CARMEN   Muy bien, me gusta mucho mi sillón de la habitación, se duerme muy bien en él, lleva tantos años conmigo, que ya tiene la forma de mi trasero…

MAGUI   (*Con cierta angustia.*) Me alegro, pero no duermas mucho durante el día, que ya sabes que, si no te cuesta dormir por la noche, y nos la pasamos dando vueltas.

CARMEN   Es que por las noches me cuesta cerrar los ojos. Estoy ahí en mi cama, y no paro de acordarme de cosas que debo hacer.

MAGUI   (*Con cara de resignación.*) Ya… Mira, son las nueve en punto, vamos a escuchar las noticias mientras voy sirviendo la cena, que algo tendremos que cenar, ¿no?

CARMEN   ¿Qué vamos a cenar?

MAGUI   (*Respirando hondo.*) Sopa con picatostes…

CARMEN   ¿Cómo?

MAGUI   ¡¡¡Sopa con picatostes, coño!!! (*Enfadada y perdiendo la paciencia.*) Perdona no quería gritarte.

CARMEN   Yo no sé qué es eso, pero hija, si es lo que hay, tráelo…

(MAGUI *enciende la radio.*)

MAGUI   Tú quédate aquí, que ya voy yo poniendo la mesa

(MAGUI *se va a la cocina. De fondo se oye un parte de noticias de RNE.*)

RADIO   Buenas noches, y cuando son las nueve en punto de la noche, les informamos de las últimas noticias aquí, como siempre, en RNE.

Y por fin hoy, 28 de febrero de 1991, podemos contarles el fin de la guerra de Irak. Tras más de siete meses de conflicto armado desde que Sadam Husein invadiera Kuwait el pasado dos de agosto, la guerra de Irak ha llegado a su fin. Hoy el dictador iraquí se ha rendido. En su retirada, las tropas iraquíes han incendiado diversos pozos petrolíferos del país vecino... (*Se observa a* Magui *salir con dos vasos y dos platos para ir poniendo la mesa. La luz de la escena de* Magui *y* Carmen *anciana se va apagando junto con las noticias de la radio. La luz devuelve el centro del escenario a la vida. Hay una radio antigua.* Carmen *y* Amanda *jóvenes la están escuchando mientras cenan.* Amanda *lleva una manta sobre los hombros, está delgada y visiblemente demacrada. Están en una habitación con pocos ornamentos, se oye una gota caer, como una especie de gotera. Hace frío.*) «Parte oficial de guerra del cuartel general del generalísimo correspondiente al día de hoy, primero de abril de 1939, tercer año triunfal. En el día de hoy, cautivo y desarmado el ejército rojo, han alcanzado las tropas nacionales sus últimos objetivos militares. La guerra ha terminado. Burgos, primero de abril de 1939. Año de la victoria. El generalísimo Franco».

(Carmen *apaga la radio.*)

Carmen   Prefiero apagar. En cualquier caso, ya no hay mucho más que necesitemos saber...

(*Se frota las manos para entrar en calor.*) Esta humedad te cala hasta los huesos, y eso que estoy acostumbrada…

AMANDA No puedo cenar, no tengo hambre.

CARMEN Vamos, tienes que intentarlo, si no, no te vas a recuperar nunca. No me hagas este feo, me ha costado dios y ayuda encontrar estos botes de leche condensada, y todo gracias al dinero que me ha dejado doña Vicenta. Si me da pena dejar Valencia después de estos dos años aquí, es por ella. Eso te dará fuerzas. Necesitas estar mejor para el viaje de mañana. Vamos, hazlo por mí.

AMANDA De verdad que no tengo hambre. Nis, ¿por qué no te lo comes tú? Llevas muchos días alimentándote de aire.

CARMEN Yo estoy bien. Lo que más necesito es descansar. Hoy hay que dormir pronto, salimos a las cinco de la mañana para Madrid. Tenemos que llegar a la calle de la Paz. Eso todavía queda solucionarlo.

AMANDA (*Desganada y cansada.*) Que no es poca cosa…

CARMEN Eso ya es lo de menos, tengo los salvoconductos, y ya hemos hecho las maletas. Cada batalla la peleamos en su momento.

AMANDA Ojalá tengamos suerte.

CARMEN   Son muchas horas en el autobús de Valencia hasta Atocha, y luego a ver qué hacemos desde Atocha hasta el ciento y pico de la calle de Alcalá. (AMANDA *sufre un ataque de tos.*) ¡Ay! Qué vamos a hacer con esa tos. (*Mientras se acerca y lo ayuda.*) ¿De verdad que tú estás para viajar mañana?

AMANDA   Que sí… Ya estoy mucho mejor y nos tenemos que marchar de aquí. Valencia ahora no es segura. En Madrid está toda mi familia, ellos pueden ayudarnos. Cayetano ya ha salido desde Granada para allá, debería llegar casi al mismo tiempo que nosotras.

CARMEN   (*Enfadada.*) Es que todavía no entiendo cómo he consentido que te quedaras aquí, y rechazaras las dos oportunidades que has tenido de marcharte en coche a Madrid. ¡Dos! Hasta dos veces has dicho que no. Primero a Consuelo, y luego a tu cuñado. Muchos habrían dado un brazo por subirse a esos coches.

AMANDA   Esto ya está discutido. Esos coches no llevaban sitio para ti, y yo no me muevo si no es contigo. ¡¿Entendido?!

CARMEN   Son gente sensata Amanda, y no está el horno para bollos. (*Baja el tono de voz para que nadie la oiga.*) Con Antonio en prisión junto con el resto del Estado Mayor del sur en la cárcel de Baza, no hay cristiano que se atreva a llevarme. Además, nunca he tenido

problema en significarme públicamente a favor de la República. Tú has sido siempre discreta con esas cosas… Cayetano no está preso,
y ha pasado desapercibido gracias a Dios.

AMANDA   O juntas, o no vamos a ninguna parte. No pienso discutir más sobre este tema. Te lo he dicho
muchas veces: «Te llevaré conmigo cuando
termine la guerra».

(*Pausa.*)

CARMEN   ¿Amanda estás segura de que tu familia no
tiene problema en acogerme en Madrid? Esto
puede ser un embrollo grande para ellos.

AMANDA   No, no lo tienen. Tú no puedes volver ahora
a Cartagena. Además, ¡¿cómo puedes siquie-
ra insinuar que nos separemos?! ¡¿Cómo puedes sugerir que te deje aquí en Valencia?!

CARMEN   ¿Cómo hemos podido llegar esto? ¿Cómo
nos despertamos una mañana con un parte
de noticias que hablaba de un alzamiento en
Marruecos, y hemos llegado hasta aquí? (*Visiblemente emocionada.*) Estamos todos rotos,
el país entero. ¡Yo no soy ninguna delincuen-
te para tener que esconderme! ¡Mi marido
tampoco lo es! ¡¿Qué hace él en prisión?!

AMANDA   Chssss…. Calma Carmen que nos pueden oír…

(*La abraza.*)

CARMEN   Amanda, separarme de ti sería como si me arrancaran el alma a jirones. Pero no quiero ponerte en peligro, ni a ti, ni a tu familia.

AMANDA   Mi familia no tiene problema en acogerte, saben que eres una amiga importante.

CARMEN   Me preocupa mucho Antonio... A saber las condiciones de la cárcel donde se encuentra... No me atrevo ni a imaginar cómo puede acabar cuando lo juzguen... Mi madre está en Murcia, en casa de mi cuñada, hace mucho que no la puedo ver.

AMANDA   Tranquila... Tu amiga Estanislá te ha escrito, y te ha prometido que irá a verla para comprobar que está bien.

CARMEN   Estanislá es una simple profesora de piano de Cartagena, por muy amiga mía que sea, no puedo echarle esa responsabilidad encima. Es mi madre...

AMANDA   (*La abraza de nuevo.*) Todo saldrá bien... No les sirves de nada a ninguno de ellos si te llevan presa a ti también. Por el momento lo más prudente es que te escondas en Madrid. Desde allí podrás hacer mucho más. Quizá debamos explorar la idea de que te marches de España. Una vez en Madrid yo puedo conseguirte el dinero. Tenemos muchos amigos en el extranjero, te pueden ayudar.

CARMEN   Eso no… Eso no lo puedo hacer. Para mí es imposible. ¿Cómo podría dejar atrás a Antonio, a mi madre…? Me necesitan. (*La mira fijamente.*) ¿¡A ti…!?

AMANDA   (*Tose.*) Tranquila… Ya iremos viendo…

CARMEN   ¿Cómo será todo a partir de mañana?

AMANDA   ¿A qué te refieres?

CARMEN   Cuando lleguemos a tu casa, con tu familia, con Cayetano…

AMANDA   No lo sé…

CARMEN   ¿Y cuándo llegue la noche? ¿Qué harás?

AMANDA   Supongo que lo que deba hacer, Carmen… ¿Qué otra alternativa tengo?

CARMEN   (*Disgustada.*) Alguna habrá…

AMANDA   (*Contiene un grito.*) ¡¡Me sobrecoge tu ingenuidad!! Sí, salgamos a la calle y gritemos a los enjambres de hienas lo que sentimos. Aún mejor, facilitémosles las cosas, démosles la pistola, así se divertirán viendo quién da en el blanco primero.

CARMEN   (*Triste.*) No he querido decir eso…

AMANDA   (*Pausa.*) Me pides alternativas, ¡pero no las hay! No hago planes, vivo hoy.

CARMEN   En realidad no te pido nada… Solo me vuelve loca pensar que mañana tengamos caminos diferentes. Me asfixio de angustia.

AMANDA   Por eso vivo hoy… Perdóname. Ya iremos viendo… Lo importante es seguir juntas y salir ya de Valencia.

CARMEN   Que Dios nos acompañe mañana.

AMANDA   Nos acompañará, acuérdate, está de nuestra parte. Te lo he dicho muchas veces. Cuando termine la guerra, te llevaré conmigo.

(CARMEN y AMANDA *se ponen los abrigos.* CARMEN *coge las dos maletas y colocan dos sillas en el centro del escenario. Al sentarse, se escucha el típico sonido de una estación de autobús.* CARMEN *cuida de* AMANDA. *Ambas se acurrucan una junto a la otra. Un foco las ilumina, dejando el resto de la habitación en penumbra. Suena un trueno, seguido por el sonido de la lluvia. Tras unos segundos, el escenario queda a oscuras mientras el proscenio se ilumina, revelando a* CARMEN *Anciana y* MAGUI. MAGUI *aparece saliendo de la cocina con una sopera en las manos.*)

Escena 8

MAGUI   (*Deja la sopera en la mesa, y se acerca a la ventana.*) Ahora sí que llueve más fuerte.

CARMEN   ¿Está lloviendo? He oído un trueno.

MAGUI   Sí, mira, ven a la ventana. Da gusto ver cómo se forman pequeños ríos de agua junto al bordillo de las aceras, ¿verdad?

CARMEN   A mí no me gusta la lluvia, me moja los pies. Los truenos me dan miedo.

MAGUI   No hay de que preocuparse. Anda, siéntate a la mesa.

CARMEN   ¿Qué vamos a cenar?

MAGUI   Sopa Carmen... ¡Sopa...!

CARMEN   ¿Qué es esto que flota?

MAGUI   Los picatostes...

CARMEN   Ah...

(*Con cara de extrañeza, pero resignada.*)

MAGUI   (*Sirve el plato de* CARMEN.) Venga, empieza,
               que se te enfría. (MAGUI *respira profundo en*
               cuanto CARMEN *empieza a comer. Se prepara*
               para decirle algo importante que no sabe bien
               cómo plantear. MAGUI *acerca su silla a la de*
               CARMEN.) Carmen, tenemos que hablar. (CAR-
               MEN *la mira, y deja de comer.*) No, pero sigue
               comiendo, que se te va a quedar helado. (*Vuel-*
               ve a respirar muy profundo.) Verás, es impor-
               tante que me escuches con atención. Mira, tie-
               nes que ir durante un tiempo a una especie de
               casa de recuperación.

CARMEN   ¿A una casa de recuperación? ¿Qué es eso?
               ¿Para recuperarme de qué?

MAGUI   Bueno, en realidad tu salud no está del todo
               bien.

CARMEN   ¿No?

MAGUI   No, la verdad es que no está bien.

CARMEN   Pues yo me encuentro como un roble.

MAGUI   Sí, ya lo sé. Pero necesitas apoyo. Tu cabeza
               tiene problemas para recordar, a veces te cues-
               ta trabajo recordar dónde estás, en qué año
               vivimos… Algunos de tus recuerdos ni siquie-
               ra son precisos, recuerdas cosas que yo no
               creo que hayan ocurrido así. En este sitio te
               pueden ayudar.

CARMEN   Se me olvidan algunas cosas, pero me las apaño, y mis recuerdos están intactos. ¡Las cosas que recuerdo existieron, porque las recuerdo! No quiero ir a ninguna parte. Yo quiero estar en mi casa. ¡Es mi vida!

MAGUI   Lo sé Carmen, pero es importante que vayas.

CARMEN   Yo no estoy enferma.

MAGUI   Sí Carmen, sí lo estás…

CARMEN   ¿De qué?

MAGUI   Carmen, tienes un problema con tu memoria.

CARMEN   Yo no tengo ningún problema grave. Solo me confundo a veces, se me olvidan las cosas ¿Y qué? No pienso ir a ninguna parte. ¿Me oyes? Lárgate, ¡fuera de mi casa!

MAGUI   Carmen tienes que escucharme y entender. Hazme caso, confía en mí. Las cosas no pueden seguir así. Necesitas ayuda. Estás enferma.

CARMEN   (*Gritando.*) ¡Yo no estoy enferma! ¡¿Me oyes?! ¡Deja de decir tonterías! ¡Te inventas las cosas! (*Se levanta de la mesa completamente fuera de control. Tira el plato de sopa al suelo.*) ¡¡¡¡¡Yo no estoy enferma!!!!! ¡¿Me oyes?! ¡No voy a ir a ninguna parte! ¡¡¡Esta es mi casa!!!

MAGUI   (*Gritando también.*) ¡Carmen, escúchame de una santa vez! ¡Tienes Alzheimer! ¿Entiendes? ¡Demencia joder, demencia! ¡Yo no puedo más! ¡Ya no tengo vida, solo cuido de ti! ¡No es justo! ¡¿Quién se apiada de mí?! ¡¡Quién?! ¡¡Vivo entre barrotes invisibles de culpa y responsabilidad, y no puedo más!!

             (*Sujeta a* CARMEN *que está fuera de control. Acaba de tirar del mantel y se ha oído un ruido enorme.* MAGUI *se tapa la boca. Ha cometido un error. No debía haber dicho todo eso.*)

CARMEN   ¿Demencia?

MAGUI   Siéntate por favor, vamos a hablar tranquilas.

             (*Recoge las cosas del suelo.*)

CARMEN   Amanda tenía eso, ¿no? Alzheimer.

MAGUI   Sí…

CARMEN   Eso que se te olvidan las cosas. Que se te borran las palabras, la gente… Eso que te borra a ti mismo…

MAGUI   Sí…

             (*Casi susurrando.*)

CARMEN   El cerebro de Amanda se fue apagando. Me fui borrando yo…

MAGUI   No siempre es igual cariño. No tiene por qué ser igual para ti.

CARMEN   Aún recuerdo la noche de mi discurso cuando entré en la Real Academia de la Lengua. ¡La primera mujer en conseguirlo! Lo habíamos soñado tantas veces juntas. Recuerdo la duda y la amargura de no saber si Amanda podía entender lo que me estaba pasando. (*Llora.*) Recuerdo sus ojos vacíos… No saber si ella estaba en realidad allí. Ella era mi vida… Y no sabía si estaba allí.

MAGUI   Carmen, por favor, tienes que estar tranquila. Confía en mí… Esta es la mejor decisión. Será solo por un tiempo.

CARMEN   Esta es mi casa. Mi sillón, mis libros, mi máquina de escribir, mi vida…

MAGUI   Yo no puedo ayudarte más. Ahora necesitas otras cosas que yo ya no puedo darte. Lo siento mucho… Lo siento…

CARMEN   ¿Volveré aquí alguna vez?

MAGUI   Ojalá…

CARMEN   ¿Cuándo?

MAGUI   Cuando estés preparada. Ya nos esperan. Podemos tomarnos unos días.

CARMEN   Me refiero a que cuándo volveré a mi casa.

MAGUI   No lo sé.

CARMEN   Creo que necesito echarme un rato. Me voy
           a la cama.

MAGUI   Claro… (*Para a* CARMEN *en su camino hacia
           la habitación.*) Carmen. (*Pausa.*) De verdad
           que lo siento. Ya no puedo cuidarte. Necesi-
           tas mucha más ayuda, que yo no te puedo dar,
           estoy agotada.

CARMEN   Amanda solía decir que la vida era una gue-
           rra sin tregua hasta el final, pero que todas
           las guerras se terminan.

MAGUI   ¿Sí?

CARMEN   Una guerra sin tregua hasta el final… Esta
           está a punto de acabar, la acabo de perder.

MAGUI   Carmen lo siento.

CARMEN   (*Mira a* MAGUI.) Lo sé. Tranquila. Me voy a
           la cama.

Escena 9

El lateral se empieza a apagar, y de nuevo se enciende el centro del escenario. Entre las pilas de libros hay una cama sobre la que está sentada CARMEN *joven. Viste un camisón blanco. Se oyen la voz de* AMANDA *y* CAYETANO *en off.* CARMEN *escucha atentamente.*

CAYETANO (*Voz en off.*) Menuda aventura, ¿así que habéis subido toda la calle de Alcalá en burro? ¿Pero cómo?

AMANDA (*Voz en off.*) No exactamente, Tanito (*Apelativo cariñoso de* AMANDA *para* CAYETANO.) Nos han dejado poner las maletas en un carro tirado por un burro, y nosotras hemos caminado detrás. Yo estaba muy cansada, todavía tenía algo de fiebre por el resfriado que arrastro. Estas últimas semanas apenas hemos comido. Los últimos meses en Valencia han sido complicados. Carmen ha cargado con las maletas y conmigo durante todo el viaje. No sé muy bien de dónde ha sacado las fuerzas; debe de estar derrengada.

CAYETANO (*Voz en off.*) Entiendo. Mañana cuando haya descansado debo hablar con ella y agradecerle todo lo que ha hecho. Me ha traído a mi Mandi sana y salva. No sé cómo se lo podré agradecer.

AMANDA   (*Voz en off. En un tono de voz más bajo, para no ser oída.*) Necesita un sitio donde esconderse durante un tiempo. Ya sabes lo de Antonio; la están buscando. Aquí estará más segura, con nosotros.

CAYETANO   (*Voz en off.* CARMEN *se acerca a la puerta de su habitación para seguir escuchando la conversación, que ahora se oye con más dificultad.* CAYETANO *no muy convencido de lo que dice.*) Claro, si necesita refugio qué vamos a hacer… Aunque no debe salir de casa. Nadie debe verla por las ventanas o por la calle. Si saben que vive con nosotros nos arrestarán a todos. No dejaremos que nadie entre en casa. Dile a tu madre y a tu hermana que no lo comenten. Si vienen visitas, que se esconda debajo de la cama. De momento esto es lo más seguro que podemos hacer por ella. Seguro que a Antonio lo pondrán libre pronto, y entonces podrá marcharse.

AMANDA   (*Voz en off. Tajante.*) Se quedará tanto como necesite Cayetano. No dejaré que se marche. Mi madre y mi hermana no tienen ningún inconveniente (*Pausa.*) Voy a comprobar que Carmen está bien, y a darle las buenas noches.

CAYETANO   (*Voz en off.*) De acuerdo, pero no tardes. Estoy deseando dormir a tu lado, te espero en la cama.

(CARMEN *se aleja de la puerta, para que* AMANDA *no note que ha estado escuchando. Entra* AMANDA.)

CARMEN   (*Con voz cansada.*) Buenas noches.

AMANDA   Buenas noches Nis, ¿cómo estás?

CARMEN   Agotada, ha sido un día muy largo.

AMANDA   Sí, y que lo digas… (*Ríe.*) Me duelen los pies de ir caminando detrás del carro. Tengo rozaduras por todas partes, mis zapatos son muy incómodos, y Madrid es todo zanjas, y barro.

CARMEN   (*Irónica.*) Y yo que me esperaba que tendríamos un Rolls Royce esperándonos en Atocha.

AMANDA   Claro… Con un chofer con gorra y todo… Bueno, ya estamos aquí. Parecía que no íbamos a llegar nunca… ¡Anímate! Aquí no nos faltará de nada, ya lo verás.

CARMEN   Qué Madrid más distinto al que recordaba…

AMANDA   Sí… (*Apesadumbrada.*) Sacos, fango, restos de trincheras. Escombros que un día fueron la casa de alguien.

CARMEN   Ojos. Madrid son solo ojos Amanda. (*Pausa.*) Ojos famélicos, raídos. Ojos a la deriva derramándose por mares de mejillas, ojos huérfanos de ojos, ojos abiertos para siempre. Madrid es solo eso… Ojos.

AMANDA   Nis…

(*Intenta animarla.*)

CARMEN   ¿Qué voy a hacer?

AMANDA   ¿Qué vas a hacer con qué?

CARMEN   Con mi vida Amanda. Qué va a ser de Antonio, y de mí. Mi madre, Cartagena… (*Pausa.*) Nosotras…

AMANDA   No lo sé, seguro que las cosas se iran arreglando. Dale tiempo al tiempo. De momento estamos aquí. Estamos juntas. Dios dirá… ¡Estate tranquila!

CARMEN   Amanda, si os pongo en un compromiso me marcharé.

AMANDA   ¿De qué estás hablando? No voy a dejar que te separes de mí, y mucho menos que te pongas en peligro. Hicimos un pacto, recuérdalo; te llevaré conmigo cuando termine la guerra.

CARMEN   Las promesas no están escritas en piedra.

AMANDA   Esta sí. (AMANDA *inicia el camino hacia la puerta.*) Debo ir con Cayetano, me está esperando.

CARMEN   ¿Dormirás con él? ¿Y tú y yo?

AMANDA   (*Respira profundamente.*) ¿Qué puedo hacer Carmen? Tú y yo debemos permanecer en silencio. El silencio es nuestro mejor aliado.

CARMEN   Aunque nos mate con el veneno del tiempo… Entonces, yo… ¿debo dormir tranquila al otro lado del muro?

AMANDA   Carmen…

CARMEN   No sé si voy a poder con todo esto. Es demasiado…

          (*Le da la espalda a* AMANDA.)

AMANDA   Nadie dijo que esto fuera a ser fácil, (*La abraza por detrás.*) pero por favor tienes que aguantar.

CARMEN   (*Furiosa, pero intentando que no se la oiga, y separándose de* AMANDA.) ¡¿Aguantar?!

AMANDA   ¡Las dos sabíamos que sería así! No podemos hacer otra cosa. ¿Qué otro hueco nos deja la vida? Dime, ¿qué otra alternativa?

CARMEN   Para ti es fácil… Estás aquí en Madrid con los tuyos.

AMANDA   ¿Fácil? ¿Verdaderamente crees eso? (*Pausa.*) Me tengo que ir. (*Con voz enfadada.*) Descansa.

CARMEN   (*Intentando que no se marche.*) ¿Mandi? ¿Ahora te llama Mandi?

AMANDA   ¡Carmen basta! Siempre me ha llamado así. Lo sabes... No es la primera vez que estamos los tres bajo el mismo techo.

CARMEN   Lo sé, pero es la primera vez que la sola idea de que duermas con él se cuela entre mis vísceras y me produce naúseas.

AMANDA   (*Intentando calmarla.*) Tranquila... (*Triste.*) Pronto pasará la noche...

CARMEN   (*Intenta no ser oída, pero terriblemente indignada.*) ¡¿Qué debo hacer?! Dormir resignada a este lado del muro, cuando todo lo que quiero es romperlo a dentelladas, con mis dientes, con mis manos, y traerte aquí conmigo. ¡No eres de él!

AMANDA   ¡No lo soy! Pero, ¿cuál es la opción? ¡Explícame la alternativa! Y si la hay, y es contigo, la elegiré.

CARMEN   (*Con ironía.*) Elegir... Ese elixir prohibido... Ese confín del mundo... Somos mujeres, se supone que no elegimos... Y aun así, yo te elijo a ti.

AMANDA   Lo sé, y yo a ti. Es duro... ¡La vida es una guerra sin tregua! Pero todas las guerras se terminan... Confía en mí.

(*Se acercan para besarse cuando son interrum-pidas por la voz en off de* CAYETANO.)

CAYETANO   (*Voz en off. Buscándola.*) ¿Amanda, por dón-de andas?

(*Se separan rápidamente.*)

AMANDA   ¡Ya voy! Estoy dándole a Carmen un libro para que lea. (*Abraza a* CARMEN.) Tranqui-la... Encontraremos la manera de hacer esto más fácil. Prométeme que vas a intentar des-cansar.

CARMEN   (*Disimulando su tristeza.*) Claro...

(*Se oye el sonido de la puerta al marcharse* AMANDA. *Las luces del centro del escenario se van apagando hasta ver solamente sombras.* CARMEN *joven y la cama desaparecen. Mientras se oye una voz masculina en off acompañada del teclear de una antigua máquina de escribir.*)

VOZ   (*En off.*) Tome nota... 25 de febrero de 1943. «Requisitoria número 2.275. Carmen Conde Abellán que tuvo su domicilio en Cartagena, durante el periodo Marxista; que fue secreta-ria del comité ejecutivo de la Universidad Po-pular, en la citada población, sobrina de Don Dionisio Oliver, asesinado por los rojos, y cu-yas demás circunstancias se ignoran, compa-recerá en el término de diez días a partir de la publicación del presente, ante este juzgado militar eventual número dos de Murcia, a fines de comunicarle auto de procesamiento por el delito de auxilio a la rebelión; haciéndole presente que de no comparecer en el término fijado se le declarará en rebeldía».

(*La luz vuelve al centro del escenario, aparecen* CARMEN *joven y* AMANDA, *dan un paseo por un bosque, un bosque de libros.* CARMEN *lleva el papel de la requisitoria en sus manos. Se oye el viento, hace frío.*)

Escena 10

CARMEN   (CARMEN *continúa leyendo el resto de la requisitoria con voz temerosa y quebradiza.*) Así mismo, se ruega a las autoridades la busca y captura de la citada, y a cuantos parientes y conocidos tuviere, la obligación de comparecer ante este juzgado, con el fin de notificar cuantos datos puedan conocer de la misma. El teniente instructor Ginés Zapata.

AMANDA   Dios mío…

CARMEN   Debo marcharme a Murcia, no voy a seguir poniéndoos en peligro. No van a parar hasta que me presente.

AMANDA   No es la primera vez que hacen esto, llevan abriendo y cerrando tu expediente desde hace casi tres años. Siempre has permanecido escondida, ¿por qué vas a presentarte ahora?

CARMEN   ¿Cuánto tiempo más puedo seguir escondiéndome? ¿Cuánto más puedo borrarme de la faz de la tierra? No quiero que os veáis afectados, y esto está yendo demasiado lejos. Antonio está mintiendo aun estando en pleno cautiverio en Murcia. ¡Se pone en peligro diciendo que no sabe nada de mí! Mi madre lo mismo, está sola viviendo en Cartagena con mi amiga Estanislá, y creándole muchos problemas por dar cobijo a la madre de una republicana en busca y captura. Vosotros también mentís y me escondéis, ¿cuánto tiempo más? Yo no he hecho NADA, y tendré que demostrarlo. SOY INOCENTE.

AMANDA   ¡Espera! Ahora estamos en El Escorial, juntas y solas. Nadie te busca aquí.

CARMEN   ¿Cuánto llevamos en este pueblo?

AMANDA   Casi tres años…

CARMEN   ¿Cuánto más puedo esperar? Vinimos a que me escondiera y a que mejoraran tus problemas de salud.

AMANDA   Estos tres años han sido los mejores de mi vida Carmen, no lo tires todo por la borda ahora.

CARMEN   Lo sé. Este tiempo, a pesar de las constantes amenazas, de estar separada de mi familia, de haber cambiado el mediterráneo por estas moles de piedra y este viento gélido, ha sido también todo para mí.

AMANDA   Entonces espera, no te entregues. Sigamos juntas. Debes seguir escribiendo, aquí puedes concentrarte.

CARMEN   Amanda, ni siquiera puedo firmar mi obra
con mi nombre, hasta en eso tengo que permanecer escondida. ¿De qué sirve escribir?

AMANDA   No puedo creer que tú, precisamente tú, me
hagas esa pregunta. El mundo conocerá tu
obra, te lo prometo. No puedes privarnos de
tu poesía.

CARMEN   ¿Hasta cuándo? La condena de Antonio pronto acabará, Cayetano vive en Madrid solo
ocupado en su trabajo... ¿Cuánto tiempo
más podemos seguir viviendo en esta trin-
chera a nuestra medida? ¿Cuánto tiempo
más podemos estirar cobijarnos en esta ma-
driguera? Tenemos... Tengo que hacer frente a la realidad.

AMANDA   ¿Y nosotras? Carmen, no quiero ni pensar si
te condenan.

CARMEN   No he hecho nada Amanda. ¡Nada! No pueden condenarme.

AMANDA   La vida es carnívora, aunque tú no lo seas...
¡Despierta! Te vas a entregar en el juzgado
militar, te acusan de auxilio a la rebelión, de
no evitar la muerte de tu cuñado Dionisio, y
al parecer, últimamente, también de haber
participado en la quema de iglesias de Cartagena en julio del 36.

CARMEN   (*Con ironía.*) ¡Virgen santa, qué disparate!
           Si me descuido me apuntan también lo de
           Jesucristo…

AMANDA   ¡Carmen!

CARMEN   ¡Todo eso es mentira, coño!

AMANDA   Tú y yo lo sabemos, pero ¡¿lo vas a poder de-
           mostrar?! (*Pausa.*) Busquemos la forma de
           que te marches por un tiempo fuera de Espa-
           ña. Estoy segura de que si llamamos a…

CARMEN   (*Interrumpe a* AMANDA.) No me voy a mar-
           char. (*Pausa.*) ¡No me puedo marchar! (*Pau-
           sa.*) Hemos conseguido escapar del mundo,
           y crearnos este espacio repleto de ti y de mí,
           este maravilloso paréntesis. Y la condena por
           hacerlo es que todos los paréntesis han de
           cerrarse.

AMANDA   (*Suplicando.*) Por favor…

CARMEN   Dios sabe bien que estoy muerta de miedo, y
           no solo por esa pila de mentiras absurdas de
           las que me acusan. Yo no quiero perderte, *mi-
           kra kai melaina*[*], no puedo perderte.

---

[*] Dedicatoria que usó Carmen en el *Arcángel*, escrito durante los
    años donde debió esconderse, para referirse a Amanda. Es griego
    antiguo, la forma que tenía Safo de describirse a sí, «pequeña y
    morena».

Escena 11

Mientras se abrazan, la luz va cayendo. Suena el mazo del JUEZ *mientras pide orden en la sala, se oye murmullo de gente. De repente, un foco ilumina en el centro del escenario a* CARMEN *joven sentada en una silla, lleva unos grilletes en las manos. El resto del escenario queda a oscuras. Comienzan a oírse voces en off, mientras dos sombras se mueven de manera amenazante.* AMANDA, *impotente, observa en pie desde una esquina.*

JUEZ   (*Voz en off.*) ¿Fue la señora Conde lo suficientemente diligente para evitar el fusilamiento de su cuñado, Dionisio Oliver, hermano mayor de la Virgen de la Caridad de Cartagena a manos de los rojos?

VOZ 1   (*En off.*) Sí, sin duda lo fue. Movió Roma con Santiago para evitar que lo fusilaran.

JUEZ   (*Voz en off.*) ¿Se enfrentó a las autoridades que lo desahuciaron?

VOZ 2   (*En off.*) Por la inocencia del señor Oliver, y por lealtad, Carmen hizo cuanto estuvo en su mano para pedir el indulto.

JUEZ   (*Voz en off.*) Existe una acusación firme y fundada que dice, que la señora Conde ha pertenecido al Partido Radical Socialista. ¿Le consta?

VOZ 3   (*En off.*) No, no me consta.

JUEZ   (*Voz en off.*) Así mismo se dice haberla visto participar en el comité de homenaje a la U.R.S.S., ¿sabe usted algo de esto?

VOZ 3   (*En off.*) No, no se nada. Es imposible que así fuera.

JUEZ   (*Voz en off.*) La señora Conde no escatimó en gestos que la hacían afín a la ideología de izquierdas, y en su desafecto al nuevo régimen ¿Sabe si fue promotora del fatídico Frente Popular Antifascista?

VOZ 4   (*En off.*) No, no me consta.

JUEZ   (*Voz en off.*) ¿Ha pertenecido al Partido Comunista?

VOZ 5   (*En off.*) No, no me consta en absoluto.

JUEZ   (*Voz en off.*) ¿Puede confirmar usted que, durante el periodo marxista, la señora Conde no ha cometido ningún asesinato persiguiendo a personas católicas o de derechas?

Voz 6   (*En off.*) Puedo confirmarlo. Doña Carmen Conde no ha cometido ningún asesinato. Todo cuanto ha hecho ha sido ser una incansable trabajadora, fundadora de la Universidad Popular de Cartagena. Poetisa y maestra, ha velado por el impulso de la cultura, asegurándose de que esta llegara incluso a quienes disponían de escasos recursos.

Juez   (*Voz en off. A la voz en off 4.*) ¡¡¡Cállese!!! Nadie le ha preguntado por la profesión de la encausada, o eso que usted llama «impulso de la cultura». ¡¿De qué cojones de cultura estamos hablando?! (*Pausa.*) Prosigamos. ¿Puede hablarnos de la pertenencia de la señora Conde a la masonería?

Voz 6   (*En off.*) En absoluto, Doña Carmen es una buena católica, apostólica y romana, que jamás comulgaría con otros credos.

Juez   (*Voz en off.*) Señora Conde, póngase en pie (CARMEN *se pone en pie.*) ¿Cree usted en Dios todopoderoso, en la Virgen y en los Santos?

Carmen   (*Mira al frente con voz clara.*) Sí, creo.

Juez   (*Voz en off.*) ¿Cree usted en el glorioso movimiento nacional como única y verdadera expresión política?

CARMEN   (*Baja la cabeza mientras la acosan las sombras y con voz quebradiza contesta.*) Creo.

JUEZ   (*Voz en off.*) ¿Cree usted en la familia y la iglesia católica como pilares fundamentales de nuestra sociedad?

CARMEN   (*Mirando a* AMANDA.) Creo.

                (*Las sombras siguen su danza alrededor de* CARMEN, *que cabizbaja escucha la sentencia, mientras la luz comienza a bajar muy lentamente y habla el* JUEZ.)

JUEZ   (*Voz en off.*) «Procede pues, que se decrete el sobreseimiento provisional de la presente causa que pasara al Juzgado Militar de Ejecutorias de la plaza de Murcia para notificación, libertad definitiva y de testimonios que se remitirán al Consejo Supremo de Justicia Militar conforme dispone el artículo 539 del Código de Justicia Militar y a esta Auditoría para su envío a la Justicia Central de libertad vigilada del Ministerio del Ejército».

                (*Texto recogido en la biografía de* CARMEN *Conde por José Luis Ferris. Se oye el mazo del* JUEZ. *Las sombras le quitan los grilletes a* CARMEN, AMANDA *corre a abrazarla.*)

CARMEN   Ya está. Se acabó…

AMANDA   Gracias.

CARMEN   Te dije que no me marcharía, no os iba a de-
           jar solas.

AMANDA   Lo sé.

Escena 12

La luz se apaga del todo. Aparece MAGUI *en el proscenio de nuevo. Está hablando por teléfono.*

MAGUI   Sí, sí, ya están casi todos los libros empaquetados. Es fundamental que durante el traslado a Cartagena no se desordene nada. (*Pausa.*) Oiga, ¡perdone! Están a punto de recibir toda la obra de Carmen Conde, premio nacional de poesía, premio nacional de literatura, primera mujer académica de la lengua, ¿hace falta que siga…? Mire, solamente en cartas tenemos unas 36.000, las intercambió con toda una generación de poetas, entiendo que el museo es pequeño, pero ya pueden ir haciendo sitio. (*Aparece* CARMEN *anciana sin ser percibida por* MAGUI. *Va vestida con un abrigo y una pequeña bolsa con algunas pertenencias. Se cuela en la parte central del escenario con pasos cortos y lentos. Ahora todo está lleno de cajas con todas sus pertenencias, comienza a acariciarlas.*) Para la sección de trayectoria vital he separado la sentencia de absolución de su juicio, está en la caja número cincuenta y dos, tome nota por favor, caja número cincuenta y dos, en una carpeta roja. Creo que sería importante exponerla tal cual, en la vitrina de la derecha, para ella eso siempre ha sido muy importante, y algo que ha compartido conmigo varias veces cuando tomó la decisión de donar sus cosas a Cartagena. No, los testimonios a su favor son muchísimos y muy extensos, no creo que se puedan exponer, eso que vaya al archivo. (*Pausa.*) No, no, no fue una suerte… Carmen merecía cada palabra que se dijo para absolverla. Fue una merecida libertad rubricada por muchos que quisieron ayudarla… Exacto. Todas las cajas salen del número sesenta y siete de la calle Ferraz. (*Pausa.*) Sí, sí de Madrid donde está su casa. (*Pausa.*) No, no, no se confunda, no mezcle… Escúcheme bien. Al ser puesto en libertad Antonio, ella vivió en la calle Ferraz con él hasta su muerte, sí… En 1968. Esto estaba muy cerca de Velintonia 5, domicilio de Cayetano Alcázar y Amanda Junquera. Solo cuando Antonio y Cayetano fallecieron, Carmen se mudó con Amanda a Velintonia, (*Pausa.*) eso… Ellas vivían solas allí… Claro, y allí ya hasta que Amanda murió, y luego Carmen se volvió aquí, a Ferraz. (*Pausa.*) Bueno, ya ultimaremos los detalles, primero deben recibir todas las cajas. Eso… ¿Y me lo pregunta a mí? Es difícil elegir una obra concreta de Carmen, tiene tanto… Aunque yo siento debilidad por todo lo que escribió durante el periodo en que tuvo que mantenerse escondida.

CARMEN   «El Arcángel…».

MAGUI   (*Se da cuenta de la presencia de* CARMEN.)
         Bien... Le llamaré más tarde para darle más
         detalles. (*A* CARMEN.) «El Arcángel», sí...
         (*Cuelga el teléfono.*) ¿Estás preparada?

CARMEN   Sí...

MAGUI   (*Se acerca a ella.*) No te preocupes, todo va a
         ir bien, confía en mí, vas a estar bien. Yo es-
         taré contigo hasta que te habitúes. Seguro que
         haces buenos amigos. Te voy a visitar mucho
         Carmen, tranquila...

CARMEN   Pero todas estas cosas, ¿dónde van?

MAGUI   A Cartagena. Acuérdate, siempre has queri-
         do que tus cosas se guarden allí, y que se haga
         un museo.

CARMEN   ¿Todas mis cosas? ¿Y si vuelvo a esta casa?
         ¿No quedará nada? ¿No deberíamos guardar-
         las? Tengo miedo de que se me olviden. Si se
         llevan mis cartas a lo mejor se borran de mi
         cabeza sus remitentes.

MAGUI   Te diré lo que vamos a hacer, vamos a dejar
         algunas aquí, para cuando vuelvas. Solo es-
         tamos haciendo un poco de sitio. Por qué no
         eliges algunas para llevártelas contigo ahora.

CARMEN   Ya he metido algunas en esta bolsa (*Señala la
         bolsa que lleva en la mano.*) Las llevo conmi-
         go. Serán mi memoria.

MAGUI   Sí. Yo también lo seré. (*Le sonríe cogiéndola de las manos.*) Anda, siéntate en el sillón mientras yo cojo tu maleta y las llaves del coche. Vengo enseguida.

         (MAGUI *desaparece en dirección a la cocina y el resto de la casa.* CARMEN *se queda sola junto a todas las cajas. La luz baja en el clima de intimidad, y mientras pasea por entre las pilas de paquetes, se comienzan a oír voces masculinas y femeninas que representan momentos de su vida. Al final de cada carta, una pila de cosas desaparece del escenario.*)

VOZ   (*En off.*) Señorita Conde Abellán, no soy partidario de que las mujeres escriban, le aconsejo de corazón que redirija sus intereses a actividades más femeninas…

VOZ   (*En off.*) Qué alegría recibir tus noticias, y por supuesto que Antonio y tú podéis contar conmigo para la conferencia en Cartagena. Miguel Hernández.

VOZ   (*En off.*) Muy señorita mía, me ha sido usted por sus cartas y poemas sumamente simpática, le envío con el mayor gusto «Platero y yo». ¿Qué ha hecho usted para que yo mire a Cartagena, sonriendo, esta mañana hermosa de Julio? Tengo un poco de miedo de su poder magnético romántica amiga lejana. Su amigo Juan Ramón Jiménez.

Voz   (*En off.*) Carmen, os esperamos en casa, ya sabes Velintonia 5 a los dos. Esta mi casa, es vuestra casa. Vicente Aleixandre.

Voz   (*En off.*) *¡Quiero que vengas! Escapa de tu novio y de tu escuela ¡Préndete al giro de tus palomas! Yo te esperaré siempre aquí. Voy a hacer el poema tuyo, nuestro, el que no será de nadie más. ¡Adiós! No calles tanto… Deseo mucho tu voz y… Tu cariño. Siempre.* Ernestina.

Voz   (*En off.*) *No me parece mal, al contrario, que te vayas a la residencia de señoritas; ahora que solo por el tiempo estrictamente necesario; todo lo más que te dejo es un mes, me tienes totalmente pendiente de tus cosas, de tus cartas, de tus reacciones ante esa vida de lo que me callas. ¿No me callas nada? Tuyo,* Antonio Oliver.

     (*Con la última de las cajas que abandona el escenario, aparece una cama y una mesilla de noche a su lado con la foto de* AMANDA. CARMEN *se sienta sobre la cama con el abrigo y la bolsa de recuerdos que lleva en la mano. Se oye hablar a* MAGUI.)

Escena 13

MAGUI *está sentada en una silla con una mesa delante en el proscenio. Sobre la mesa algunos formularios que está rellenando. Toda la conversación es lanzada a una persona que no se ve, pero se supone delante de la mesa. Sin romper la cuarta pared, al no haber un receptor de la conversación presente, el público lo recibe directamente.*

MAGUI   ¿Firmo aquí? Perfecto, ya lo tenéis todo entonces. Voy a la habitación a ayudarle a instalarse. Hoy le he traído una maleta con lo justo para que no se asustara, a lo largo de los próximos días iré trayendo la ropa de verano. (*Pausa.*) No, no. No tiene hijos, y su marido murió hace más de veinte años. (*Pausa.*) No está sola, me tiene a mí. La conozco desde que era una niña. Ha sido mi jefa, mi amiga, mi madre, mi hermana, pero sobre todo mi maestra. (*Pausa.*) Sí, es increíble... Doña Carmen Conde Abellán... Una de las más grandes poetisas de este país, y primera mujer en la Real Academia Española de la Lengua... Y no recuerda bien quién es... Jamás hubiera imaginado que acabaría sus días así... La vida te suele esperar en silencio...

(*Se levanta como para marcharse, pero vuelve.*) A veces me asomo a su cara, ¿sabe? Y me muero del vértigo, de la inquietud de no saber qué queda de ella misma en el fondo de sus ojos. ¿Está? ¿Está ahí? Y me muero de miedo por si no aprendo a querer esa nueva mirada sin respuestas. Su nueva mirada. (*Pausa.*) Y me enfado, y grito mientras me come la impaciencia, y la culpa que se me travisten de cansancio... (*Pausa.*) A veces uno necesita desesperadamente reencontrarse con ella, con la maestra... A veces a uno le duele ese vacío, y vendería años de vida por reencontrase un minuto, un solo minuto más con sus verdaderos ojos. ¡Ay si ese iris abrazara mis dudas! Si sus brazos me convirtieran mágicamente en niña un segundo más... (*Llora. Se marcha para parar de nuevo y volver cerca de la mesa. Continúa mirando al supuesto empleado de la residencia de ancianos, al público.*) Sabe qué... Yo quiero creer que, aunque uno se disuelva en su memoria, aunque se desvanezca en un océano cada vez más oscuro, cada paso que se dio, cada himno que escribieron sus manos, cada mar navegado, cada melodía susurrada por los dedos a un piano, retumbaran en el recuerdo de aquellos a quienes abrazaste en el camino, y seguirás siendo tú... Tú, a través de ellos, pero tú. (*Pausa. Se marcha.*) Menudo discurso de ingreso en la academia... No ha habido otro igual...

(CARMEN *anciana se levanta lentamente de la cama. No se sabe si es muy consciente de dónde está. Se dirige al centro del escenario, y comienza a dar un discurso. De repente se ha acordado del discurso que dio en la Academia.*)

CARMEN   «Señores académicos: Mis primeras palabras son de agradecimiento a vuestra generosidad al elegirme para un puesto que, secularmente, no se concedió a ninguna de nuestras grandes escritoras ya desaparecidas. Permitid que también manifieste mi homenaje y respeto a sus obras. Vuestra noble decisión pone fin a una tan injusta como vetusta discriminación literaria. No le permitió el destino a mi ilustre predecesor Don Miguel Mihura...»

(*De entre el patio de butacas aparece caminando lentamente* AMANDA *que se para a escuchar el discurso. En un determinado momento comienza a aplaudir a* CARMEN.)

AMANDA   ¡Maravilloso Carmen!

CARMEN   ¡Amanda! (*Extrañada.*) ¿Eres tú?

AMANDA   ¡Claro Nis! Soy yo. Continúa, no dejes en vilo a estos señores.

(*Refiriéndose a los académicos... ¿O al público...?*)

CARMEN   (*Contenta de saber que* AMANDA *la escucha.*) «Si de la memoria solo vale el don preclaro de evocar los sueños, cuando suscito los míos resalta mi entrega a la poesía. Desde la infancia, tan lejos como vaya mi recuerdo, he buscado siempre lo que no cambia, he deseado lo eterno. No la inmortalidad sino la eternidad...»

AMANDA   ¡Magnifico discurso!

CARMEN   Me alegro de que te guste. No sabía si te habría gustado. ¿Has visto Amanda? Soy académica. ¿Lo ves?

AMANDA   Claro que lo veo mi vida. No puedo estar más orgullosa de ti...

CARMEN   Pero, ¿cómo has entrado? ¿Qué haces tú aquí? Hay barrotes por todas partes...

AMANDA   Te lo dije. (*Pausa.*) Te llevaré conmigo cuando termine la guerra. (*Le extiende la mano.*) ¿Vamos?

(CARMEN *anciana coge la mano de* AMANDA *y comienzan a caminar dando la espalda al público. La luz va bajando muy lentamente en el escenario, apreciando solo dos siluetas mientras se escucha la voz de* CARMEN *joven.*)

CARMEN   (*Carmen Conde joven. Voz en off.*)
«¡Perder aquel pasado y el presente...!
¿Por qué no hacerlos juntos y contigo?
Un sueño es el vivir. Aunque yo tema
que acaben por crecer entre nosotras

las calles y las plazas que distancian…
Un sueño es el morir; y sé que entonces
quien quede aquí verá que nada acaba.
Me duermo a tu calor; soy una niña
que nadie supo ver; solo tú crees
mi ansia de reposo y confianza.
Defiendes con arrojo mi flaqueza,
y velas junto a mí para que el Ángel
no corte su contacto con mi alma.
¡Bendita tu piedad! Nunca creía
tener necesidad de que una mano
pusiera protección sobre mi frente.
Tú fuiste un arrayán en mi clausura,
La firme voluntad de mis temblores;
Floreces junto a Dios eres mi puerto;
derramas tu virtud, eres un óleo.
Si lloro con angustia tú te yergues
y acabo sonriendo, confortada.
Te lego mi caudal: todo lo hecho
en ti, por ti, desde el paisaje
que empieza con tu voz y tu mirada.
Gracias por la luz que me descubres.
Creíste tanto en mí, me diste tanto,
que soy toda de mí. Te reconozco».

Carmen Conde.

Telón.

Esta primera edición de *Cuando termine la guerra*,
de Alicia González Peñalver, terminó de imprimirse
en mayo de dos mil veinticinco,
en Madrid.